KB189829

미친 자를 더 미치게 하라

미친 자를 더 미치게 하라

지은이 고상섭 김민철 김영한 김형민 반세호 지현호
펴낸이 임상진
펴낸곳 (주)넥서스

초판 1쇄 발행 2020년 11월 5일
초판 2쇄 발행 2020년 11월 10일

출판신고 1992년 4월 3일 제311-2002-2호
10880 경기도 파주시 지목로 5
Tel (02)330-5500 Fax (02)330-5555

ISBN 979-11-90927-99-4   03230

저자와 출판사의 허락 없이 내용의 일부를
인용하거나 발췌하는 것을 금합니다.

저자와의 협의에 따라 인지는 붙이지 않습니다.

가격은 뒤표지에 있습니다.
잘못 만들어진 책은 구입처에서 바꾸어 드립니다.

www.nexusbook.com

교회를 깨우는
소그룹 코칭

미친 자를 더 미치게 하라

고상섭·김민철·김영한·김형민·반세호·지현호 지음

넥서스CROSS

코로나19 이후 폭풍은 가히 혁명적이다. 이 폭풍은 교회에도 동일하게 불어닥쳤다. 코로나19는 오프라인 중심의 올드 노멀을 밀어내고 온라인 중심의 뉴 노멀을 열었다. 그리고 콘택트 시대를 언택트 시대로 접어들게 했다. 이때 교회가 가장 주목할 것이 바로 소그룹이다. 이 책은 그 시기에 맞춰 출간되어 목회자나 평신도들이 소그룹을 다시 생각하도록 자극한다.

이 책은 교회의 다양한 소그룹인 구역, 성경공부, 교제 등에 큰 도움을 준다. 특히 작은 교회가 더욱 중요해지는 작금에 작은 공동체의 소그룹을 다루었기에 더욱 주목할 수밖에 없다.

언택트 시대에 교회는 소그룹의 역량 강화에 더욱 신경 써야 한다. 그리고 소그룹 활성화를 언택트 시대 목회의 대안으로 삼아야 한다. 이는 소그룹의 역동성이 어려움에 처한 교회에 다시 온기를 더할 수 있기 때문이다.

교회는 살아 있는 유기체다. 이 유기체를 만드는 것이 소그룹이다. 교회에 만연한 교제 공동체의 소그룹으론 안 된다. 그 안에 복음의 역동성이 넘쳐 흘러야 한다. 하나님의 사랑이 깊이 머물러 있어야 한다.

이 책에는 소그룹 철학, 소그룹의 원리와 실제, 소그룹 운영 방법, 푸른나무교회 소그룹의 예를 통한 작은 공동체 소그룹 이식 등의 내용이 구체적으로 담겨 있다.

소그룹은 소그룹 리더에 달려 있다고 해도 과언이 아니다. 이 책에서는 소그룹 리더의 역량 강화를 위해 경청, 질문, 집단지성을 활용케 하는 코칭까지 다루고 있다. 마지막으로 소그룹 리더가 갖춰야 할 리더십을 다룬 것은 화룡점정이라 할 수 있다.

시대에 적확한 이 책이 목회자들과 평신도 리더들의 손 안에 들려지길 소망한다.

아트설교연구원 대표, 《설교는 글쓰기다》 《설교와 묵상》 저자 김도인 목사이 책은 소그룹 운영에 대한 노하우라고 말하기에는 단순히 현재 유행하는 운영법만을 논하지 않는다. 그 운영의 실제에 대한 근거를 성경에서 찾는다. 삼위일체 하나님의 존재성과 교회의 정체성까지 연결되는 영적 핫라인을 정확하게 끌어내는 논지에 깜짝 놀랐다.

뿐만 아니라 더 나아가서 이 논지에 현재 공동체의 성질에 대한 분석으로 이어진다. 어떤 방법론이든 가장 중요한 두 가지 요소는 정확한 문제 분석과 실제적 대안 제시다. 문제의 분석은 과거 문제들의 예를 나열하기보다는 핵심만 뽑아내 제시한다. 반면에 실제적 대안을 제시할 때는 핵심과 함께 모델이 되는 케이스를 아주 구체적으로 소개한다.

사실 여기까지만 해도 이 책을 추천하기에 충분하다고 생각한다. 그동안 출간된 소그룹에 대한 책들이 대부분 여기서 끝났다. 그러나 이 책은 코칭적 접근과 질문까지 제시하여 마치 이론과 실제를 담아 독자가 쉽게 적용하도록 밥상을 다 차려주는 느낌이다. 이 책은 소그룹 운영에 대한 총체적인 교육과 함께 아주 구체적이고 실제적인 대안을 제시하고 있다. 책을 다 읽었을 때 터져 나온 한마디는 "이 책 한 권으로 다 되겠구나!"였다.

이름없는교회 담임, 《팀사역의 원리》 저자 **백성훈 목사**

나는 청년사역의 핵심을 소그룹에 두고 해왔다. 그렇기 때문에 해가 갈수록 건강하고 생명력 있는 사역을 경험할 수 있었다. 건강한 소그룹을 통해서 하나님께서 모든 사역을 빚어가심을 자주 경험했다.

건강한 소그룹이 있어야 건강한 공동체가 세워지고 건강한 교회가 세워진다. 소그룹의 가치는 그만큼 중요하다. 그런 의미에서 이 책이 나와 너무 기쁘다.

더욱이 지금은 한국교회의 소그룹이 건강하게 세워지는 일이 꼭 필요한 시기다. 건강한 소그룹은 코로나 시대와 코로나 이후 시대의 핵심이기 때문이다.

모든 사람은 서로 깊은 사귐이 있어야 행복하다. 사귐이 있어야 육체적으로나 정서적으로나 영적으로 건강할 수 있다. 바로 소그룹이 그 사귐이 있는 곳이다. 이 책이 한국형 소그룹의 길잡이가 되리라 믿어 의심치 않는다. 좋은 사람들이 영적 네트워크를 이루고 팀을 이루어 이렇게 귀한 책이 나온다는 것은 큰 기쁨이다.

나는 이 책이 소그룹 리더들에게 읽혀지기를 기대한다. 그래서 소그룹이 살아나고 교회가 건강해져 한국교회 생태계의 생명력이 회복되기를 소망한다. 그 아름다움을 함께 소망할 수 있는 책을 집필해준 저자 모두에게 감사와 응원을 보낸다.

산본교회 담임, 청년사역연구소 대표, 《결국, 말씀이다》 저자 이상갑 목사

포스트 코로나 시대, 모든 것이 변하고 있다. 그래서 무엇을 예측하며 살기가 너무나도 어려운 세상이 되었다. 그렇지만 교회는 초대교회부터 어떠한 고난과 역경과 역병이 찾아와도 살길을 찾았고, 계속해서 성장했다. 교회 성장의 비밀은 다름 아닌 소그룹 모임에 있었고 이를 지난 기독교 역사는 증명하고 있다. 그러므로 현대 교회가 온고지신의 정신으로 소그룹을 연구한다면, 지금 시대에 최적화된 소그룹을 만들고 운영할 수 있다. 그렇지만 이를 위해서는 많은 시간과 노력이 필요하다. 이런 와중에 소그룹의 이론과 실제를 모두 다룬 이 책이 로켓배송처럼 우리를 빠르게 찾아왔다. 따라서 다른 곳을 두리번거리며 시간을 낭비할 필요가 없다. 이 책을 사서 읽고 적용하라. 언택트(Untact) 시대에 창조적으로 온택트(Ontact)가 가능한 소그룹을 만들 수 있을 것이다. 더 나아가 성령께서 춤추시는 소그룹, 주님께서 기뻐하시는 소그룹, 하나님의 영광을 드러내는 소그룹을 만들 수 있을 것이다. 단언컨대 이 책은 한국교회 모든 교역자들에게 사주고 싶을 정도로 매력적이다.

올리브선교회 공동대표 **임재환 선교사**

급변하는 한국 사회에서 교회는 그 자리를 잃어가고 있다. 위기라는 말과 그 징조는 오래전부터 가까이 와 있는 듯했지만, 이제 그 위기가 현실이 되는 것을 경험하고 있다. 대안을 찾지 못한다면, 또 대안이 되지 못한다면 한국교회의 미래는 없다고 생각했다. 코로나19는 그러한 흐름을 가속화했다. 이런 시대에 교회는 어느 방향으로 나아가야 할까? 내가 성경과 교회사 그리고 목회 현장에서 찾은 대답은 '공동체성'이었다. 영적 가족 공동체, 신앙과 삶을 나누는 친밀한 공동체, 진짜 공동체는 그 어떤 상황에도 흔들리지 않고 주님이 교회에게 맡기신 사명을 감당했기 때문이다.

이 책은 그런 교회 공동체성의 근간을 이루는 소그룹에 관한 책이다. 소그룹과 관련된 다섯 가지 핵심 주제들을 소그룹을 통한 하나님의 역사를 경험한 현장 사역자들이 각 장에 녹여낸다. '소그룹 철학, 소그룹 원리와 방법의 실제, 작은 공동체에 건강한 소그룹 세우기 전략, 효과적인 소그룹 인도를 위한 코칭적 접근, 소그룹 리더십'이라는 주제는 그런 의미에서 수많은 소그룹과 관련된 책들의 압축이고 소그룹 사역의 결정들을 담고 있었다.

공저자가 집필한 책이기 때문에 약간의 겹치는 부분과 조율되지 않은 정의와 접근이 보인다. 또 각 장의 분량 제약으로 인해 어떤 부분은 충분히 풀어내지 못한 것 같은 곳도 있었다. 그 주제에 대해 충실하지 않았다는 의미가 아니라, 너무 중요한 주제이기 때문에 충분한 지면을 할애하여 다뤄주었더라면 좋겠다는 아쉬움이다. 공저가 갖는 약점이 있음에도 나는 이 책을 교회를 고민하는 이들에게 추천한다. 이 책은 소그룹의 전반적인 주제를 한

권으로 정리해 두었다는 부분에서 교회의 공동체성을 고민하는 이들이 충분히 정독할 가치가 있다. 교회에 살리는 방법으로 한 번도 검증된 적 없는 대안들이 쏟아져 나오는 시기이다. 이런 상황 속에서 나는, 오래되었지만 결코 실패한 적이 없는 진실한 공동체를 세우는 '소그룹'이란 검증된 대안을 붙드는 데 이 책이 쓰임 받기를 바란다.

나눔교회 담임, 《교회를 사랑합니다》 저자 조영민 목사

다음 세대 사역을 하면서 늘 소그룹 인도법과 관련된 질문을 받았다. 생각해보면 소그룹이 없는 교회는 없다. 하지만 역동적인 소그룹을 운영하는 교회는 별로 없다. 그래서 이와 관련된 책을 하나 쓰려고 마음먹었으나 한발 늦었다. 소그룹에 미친 분들이 이미 책을 써버렸기 때문이다. 만약 소그룹의 강력한 역동 속에서, 소그룹 구성원이 하나님을 만나 인생의 전환을 결단하고, 소그룹원 간에 친밀한 사귐을 통해서 하나님의 나라를 확장하고 싶다면 이 책을 일독하길 강력히 추천한다.

이 책은 소그룹에 미친 사람들이 소그룹 형태로 작성하였다. 여럿이 함께하면 더 많은 것을 이룰 수 있다. 하물며 소그룹에 미친 사람들이 함께 모여 작성했으니 빨간 펜을 준비하고 책을 읽어야 할 것이다. 본 책은 소그룹의 신학적 원리, 선교 단체와 교회 현장의 소그룹 이야기, 소그룹 인도자를 위한 코칭과 리더십에 대한 이야기까지 소그룹과 관련된 전방위적 주제를 성실하게 기술했다.

코로나19 이후 교육 환경과 방법에 격변화이 일어났다. 하지만 코로나 이전이든 이후든 변하지 않는 교육 원리가 하나 있다. 사람은 소그룹 환경 속에서 긍정적으로 변한다는 사실이다. 도리어 코로나 시대에 소그룹은 더욱 주목 받고 있다. 본 책을 중심으로 소그룹 환경을 디자인하여 기적이 일어나는 소그룹을 만들길 축복한다.

오륜교회 꿈미 소장, 《원 포인트 통합교육》 《52주 가정예배》 저자 **주경훈 목사**

우리는 곧 새로운 형태의 삶 즉 뉴노멀(New Normal)의 시대가 열릴 것이라 예측했다. 하지만 누구도 코로나19의 전 세계적 유행으로 전례 없는, 불확실성이 일상이 되는 변화가 오리라고는 예측하지 못했다.

코로나19의 지역사회 확산의 우려로 사회는 물론 교회도 '새로운 방식의 모임, 비대면 모임의 뉴노멀'을 만들어야 하는 상황이 되었다. 가족 간의 시간을 제외한 모든 만남과 교제는 거리 유지가 일상이 되었고, 비대면 활동이 보편화되었다. 학생들은 학교가 아닌 가정에서 온라인 수업으로 학습활동을 하고, 직장인들도 재택근무, 시차출퇴근 등 비대면·비접촉 근무로 많은 변화가 일어났다.

일상사 중 하나인 경조사의 모습마저 달라졌다. 결혼식 축하가 현장이 아닌 유튜브 온라인으로 이루어지고, 드라이브스루 장례식도 거행되고 있다. 소위 새로운 신조어 '언택트(Untact)'의 바람이 우리의 일상을 바꾸었다. 지금이야말로《코로나 이후 세계》를 쓴 제이슨 솅커(Jason Schenker)가 말한 "미래에 닥칠 위험에 대비"해야 할 때이다.

가장 먼저 만남의 변화에 대비해야 한다.

트렌드 분석가 '날카로운 상상력 연구소' 김용섭 소장은 "언택트 사회는 사람을 아예 안 만난다는 것이 아니라 다르게 만나는 것"임을 강조했다. 일상의 가벼운 만남은 최소화되고 있지만, 여전히 의미 있는 만남은 누구에게나 요구되기 때문이다.

더 나아가서는 내면에서 일어나는 갈등의 변화에 대비해야 한다.

코로나19가 가져온 경제적·사회적 어려움은 고스란히 개인의 내면정서와 신앙생활에 많은 갈등을 일으키고 있다. '코로나 블루'라는 신조어는 일상생활이 어려울 만큼 극심한 경계와 불신으로 어려움을 겪고 있는 현대인의 심리 상태를 잘 보여준다.

기독교 역사 속에서 교회는 늘 시대의 대안 공동체로서 그 역할을 감당해왔다. 특별히 교회는 코로나19로 인해 만남을 잃어가는 때에 회복하는 만남을 이루어가는 사회적 대안이 될 수 있다. 또한 개인의 정체성을 잃고 심리적으로 불안과 우울, 좌절, 낙망, 중독, 공황장애에 빠져 있는 때에 치유의 공동체로서의 역할을 감당할 수 있다.

그 대안으로 소그룹을 제시하고자 한다. 소그룹 양육과 훈련은 이미 예수님께서 제자들을 세워가신 목양 방법이었다. 실제로 소그룹 중심으로 양육하고, 훈련해오던 교회 공동체는 코로나19 속에도 여전히 결집력이 유지되고 흔들림 없이 사명을 감당하고 있다. 개인 혼자가 아닌 건강한 소그룹 공동체 안에서의 교제와 나눔은 목회적 돌봄이 있어야 하는 이들에게 큰 힘이 되기 때문이다.

포스트 모던 시대에 사람들은 점점 개인화되고, 코로나로 인해 누군가와의 만남과 접촉을 꺼리지만 여전히 내면에는 서로의 안부를 묻고 격려와 사랑의 교제를 기다리는 사람들이 많다. 그동안 교회에서 진행해온 다양한 소그룹 방법 역시 새롭게 바뀌어야 한다.

예를 들어, 매주 모여서 함께 기도하던 교사 모임을 어떻게 해야 할까? 온라인(Zoom과 같은 화상 연결 매체)으로 모여서 삶을 나누고, 기도할 수 있을 것이다. 대면 심방과 양육, 훈련 역시 다양한 미디어 도구들을 이용할 수 있다. 포스트 코로나 시대에 교회 소그룹도 더 다양화되고 특수화되어야 한다. 4차 산업혁명 이후 대량 생산을 하던 시기를 벗어나 특화된 타깃층을 고려해서 생산하고 소비하게 되었듯, 교회 공동체·선교 단체·기독 기관에서도 대상층을 정해야 한다. 이제 각 공동체는 전문성을 갖고 특수화된 소그룹을 구성하는 것에 대한 고민을 시작해야 한다.

포스트 코로나 시대, 어떻게 해야 생존을 넘어 성장하고, 성숙할 수 있을까?

〈주역〉에 "궁즉변, 변즉통, 통즉구(窮則變 變則通 通則久), 즉 궁하면 변해야 하고, 변하면 통하고, 통하면 오래 간다"라고 하였다. 소그룹을 어떻게 하면 더 잘할 수 있는지 그리고 효과적으로 할 수 있을지 여러 저자들이 고민하여 소그룹 노하우와 소그룹 실제를 나누었다.

이 책이 소그룹을 통해 하나님 나라를 확장하려는 목회자, 소그룹을 섬기는 리더와 섬김이, 그리고 소그룹 안에 들어온 자들에게 조금이라도 도움이 되기를 소망한다.

2020년 가을
고상섭, 김민철, 김형민, 김영한, 반세호, 지현호

차례

인간은 홀로 존재할 수 없도록 창조되었다.
모든 사람은 소그룹으로 존재한다.
가정에서도 부모님과 형제자매라는 소그룹으로 존재하고.
교회 안에서도. 사회에서도 소그룹으로 존재하게 된다.
우리가 속한 모든 소그룹의 시작은
삼위일체 하나님이시다.

1장

소그룹 철학

아버지여, 아버지께서 내 안에, 내가 아버지 안에 있는 것같이
그들도 다 하나가 되어 우리 안에 있게 하사 세상으로 아버지께서
나를 보내신 것을 믿게 하옵소서

요한복음 17:21

01
소그룹의 원형과 목표

소그룹의 원형: 삼위 하나님의 교제

소그룹은 태초에 천지가 시작되기 전부터 이미 존재했다. 따라서 소그룹은 교회 운영을 위한 기능적 요소가 아니라 교회의 심장과 같다.

[26] 하나님이 이르시되 우리의 형상을 따라 우리의 모양대로 우리가 사람을 만들고 그들로 바다의 물고기와 하늘의 새와 가축과 온 땅과 땅에 기는 모든 것을 다스리게 하자 하시고 [27] 하나님이 자기 형상 곧 하나님의 형상대로 사람을 창조하시되 남자와 여자를 창조하시고 [28] 하나님이 그들에게 복을 주시며 하나님이 그들에게 이르시되 생육하고 번성하여

땅에 충만하라, 땅을 정복하라, 바다의 물고기와 하늘의 새와 땅에 움직이는 모든 생물을 다스리라 하시니라 _창 1:26-28

미국 풀러 신학교에서 소그룹 사역을 가르친 게러스 아이스노글은 저서 《소그룹 사역을 위한 성경적 기초》에서 소그룹을 하나님의 창조 공동체를 보여주는 축소판이라고 말했다.[1] 하나님은 태초에 삼위일체, 즉 소그룹으로 존재하신다. 그리고 그 하나님의 형상을 반영한 인간도 소그룹으로 존재하는 관계적 존재로 창조하셨다. 하나님은 하늘에서뿐 아니라 이 땅에서도 인간이 홀로 존재하는 것이 아니라 함께 더불어 존재하도록 하셨다.

여호와 하나님이 이르시되 사람이 혼자 사는 것이 좋지 아니하니 내가 그를 위하여 돕는 배필을 지으리라 하시니라 _창 2:18

성경은 하나님의 창조세계를 가리킬 때 모두 "좋았더라"라고 말씀한다. 하나님의 창조는 위대한 창조이며 선한 창조이다. 그런데 성경에서 처음으로 "좋지 아니하니"라는 말이 등장한다. 창세기 2장 18절에서 하나님은 아담이 혼자 있는 것을 좋지 않게 보셨다. 홀로 신앙생활을 해서는 하나님의 가장 아름다운 속성인 '사랑'을 배울 수 없기 때문이다. 사람은 혼자 있을 때 자신이 '착한 사람'인지 '나쁜 사람'인지조차 구분할 수 없다. 모든 것은 관계의 상호작용 안에서 이루어지기 때문이다.

하나님은 삼위일체로 존재하시고 서로 알고 사랑하시며 영원 전부터 함

---

1 게러스 W. 아이스노글, 김선일 역, 《소그룹 사역을 위한 성경적 기초》(2007, SFC), p. 26.

께 세 위격으로 존재하신다. 내부적으로 완벽한 친교를 나누고 계시며 아버지와 아들, 성령님은 서로 흠모하고, 사랑으로 찬미하며, 기쁨을 주고받는다. 이는 사랑을 받고 사랑을 하는 가장 완전한 관계성의 모델이다. 팀 켈러는 《기도》에서 '이렇게 독자적으로 사랑과 행복을 누리던 삼위일체 하나님이 굳이 세상을 창조하시고 인간을 만드신 이유가 무엇인가'라는 질문을 던진다. 그리고 조나단 에드워즈의 '천지 창조의 목적'을 통해 해답을 제시한다.

> 조나단 에드워즈는 "창조주께서 인간을 지으신 한 가지 이유가 있다면 관계에서 오는 우주적인 기쁨과 사랑을 얻는 게 아니라 (그건 이미 만끽하고 계시므로) 나누시려는 것이라" 주장한다. 나아가, 이런 사실이 인간으로서는 상상조차 할 수 없는 완전함과 아름다움을 통해 서로에게 행복과 기쁨을 전달하시는 삼위일체 하나님 (본질적으로 '타자 중심'이신 오로지 상대를 영화롭게 하고자 하시는)의 속성과 얼마나 정확하게 맞아떨어지는지 설명한다. 어거스틴이 《삼위일체론》에 적었듯, 인간이 누군가를 사랑할 줄 아는 건 거룩한 형상대로 지음 받은 덕에 하나님의 사랑을 되비칠 능력을 가졌기 때문이다. 하나님이 우리를 부르시며 서로 대화하고, 알며, 교제하자 하시는 까닭이 어디에 있는지 짐작할 수 있는 대목이다. 스스로 만끽하고 계신 큰 기쁨을 나누고 싶으신 것이다. 하나님과의 교제는 하나님이 누리는 지극한 기쁨에 동참하는 길이다."[2]

팀 켈러의 말처럼 인간은 홀로 존재할 수 없도록 창조되었다. 모든 사람은 소그룹으로 존재한다. 가정에서도 부모님과 형제자매라는 소그룹으로 존재하고, 교회 안에서도, 사회에서도 소그룹으로 존재하게 된다. 우리가 속한 모든 소그룹의 시작은 삼위일체 하나님이시다. 또한 모든 소그룹이 추구해야 하는 궁극적인 목표이기도 하다. 우리 가정의 목표와 교회 소그룹

---

2 팀 켈러, 최종훈 역, 《팀 켈러의 기도》(2015, 두란노), p. 106.

의 목표는 삼위일체 하나님의 연합이다. 그러나 이런 소그룹은 인간의 노력만으로 도달할 수 없고 삼위일체 하나님의 연합된 사랑을 경험하고 누리는 것이 필요하다.

소그룹의 목표: 삼위 하나님의 연합

예수님은 요한복음 17장에서 다음과 같이 기도하셨다.

> 20 내가 비옵는 것은 이 사람들만 위함이 아니요 또 그들의 말로 말미암아 나를 믿는 사람들도 위함이니 21 아버지여, 아버지께서 내 안에, 내가 아버지 안에 있는 것 같이 그들도 다 하나가 되어 우리 안에 있게 하사 세상으로 아버지께서 나를 보내신 것을 믿게 하옵소서 22 내게 주신 영광을 내가 그들에게 주었사오니 이는 우리가 하나가 된 것 같이 그들도 하나가 되게 하려 함이니이다 _요 17:20-22

예수님은 삼위일체 하나님의 하나 됨 같이 예수님의 제자들과 그들로 인해 믿음을 가지는 앞으로의 그리스도의 교회 공동체들이 하나 되기를 기도하신다. 이 기도는 단순한 바람이 아니다. 21절은 "내가 아버지 안에 있는 것 같이 그들도 다 하나가 되어 우리 안에 있게 하사"라고 기도하신다. 여기서 "우리 안에 있게 하사"라는 말은 인간의 공동체가 삼위일체 하나님의 연합 안으로 들어간다는 의미이다. 참으로 놀라운 말씀이다. 인간의 공동체가 삼위일체의 연합 안으로 초대되는 것이다.

D. A. 카슨은 《요한복음 주석》[3]에서 이렇게 말했다.

이 하나 됨은 신학적인 최소공통분모를 열심히 찾음으로써 얻어지는 것이 아니라, 사도적 복음을 모두가 고수하고, 기쁜 마음으로 자기를 희생하는 사랑을 지니며, 예수를 따르는 자들에게 맡겨진 사명에 따른 공통의 목표에 두려움 없이 헌신하고, 생명과 열매 맺음을 위하여 자원해서 하나님을 의지할 때 얻어진다. 그것은 참된 신자들 가운데서 적어도 하나의 작은 핵의 형태로라도 반드시 존재할 수밖에 없는 하나 됨이고, 온전함에 이르러야 하는 하나 됨이다.

그러므로 교회 공동체의 목표는 삼위 하나님의 연합이 되어야 한다. 그래야 우리 공동체가 늘 삼위 하나님과의 교제 속에서 풍성한 은혜를 누리고, 그 은혜로 내 옆에 있는 한 사람 한 사람을 사랑할 수 있게 된다.

---

3 D. A. 카슨, 박문재 역, 《요한복음 주석》(2017, 솔로몬), p. 1056.

02
소그룹에 대한 오해

팀 켈러는《센터처치》에서 교회 소그룹모임의 중요성에 대해 이렇게 말했다.

> 소그룹에 참여하는 사람들의 숫자가 주일예배와 훈련에 참여하는 사람의 절반에 못 미친다면 당신의 교회는 공동체가 아니라 소비자 문화센터가 되어가고 있는 것이다.[4]

오늘날 많은 사람이 교회를 하나의 영적 성장의 도구로 보는 경향이 있다. 교회 공동체와 소비자 문화센터의 차이는 무엇일까? 소비자 문화센터

---

4 팀 켈러, 오종향 역,《팀 켈러의 센터처치》(2016, 두란노), p. 657.

에도 많은 사람이 오고 간다. 그러나 소비자 문화센터는 타인과 깊은 사귐을 통한 상호작용이 일어나는 곳이 아닌 개인의 필요와 성장을 위해 무언가를 소비하고 배우는 곳이다. 만일 교회가 큐티가 부족하면 '큐티학교', 기도가 부족하면 '기도학교'를 이수해 개인의 필요를 채우는 식으로 몇 개의 프로그램을 운영하지만 그 안에 성도 간의 상호 관계가 없다면 결국 건강한 공동체가 아닌 소비자 중심의 문화센터로 전락하게 될 것이다.

바울은 교회 공동체는 하나님과 연결되어 있고 또 사람과 서로 연결되어 있다고 말한다.

> [4] 우리가 한 몸에 많은 지체를 가졌으나 모든 지체가 같은 기능을 가진 것이 아니니 [5] 이와 같이 우리 많은 사람이 그리스도 안에서 한 몸이 되어 서로 지체가 되었느니라 _롬 12:4-5

교회 공동체는 개인이 하나님을 만나 구원을 얻기 위해 모인 것이 아니다. 우리는 그리스도의 한 몸이요, 지체로서 구원 받은 공동체다. 유진 피터슨은 메시지 성경에서 공동체에 대한 말씀을 현대적인 의미로 다음과 같이 옮겼다.

> [4] 인간의 몸에 다양한 부분이 있는 것처럼, 우리도 각 지체가 몸 전체를 통하여 그 의미를 찾는 것이지 몸이 각 지체에서 그 의미를 찾는 것은 아니다. [5] 우리가 말하는 몸은 구원받은 백성들로 구성된 그리스도의 몸이다. 우리 각자는 그의 몸에서 우리가 해야 할 기능과 또 우리가 갖는 의

미를 찾아야 한다. 손가락이 잘리고 발가락이 잘려 나간다면 그 자체로 무슨 의미가 있겠는가? _롬 12:4-5 (MSG 메시지 성경)

유진 피터슨은 그리스도의 지체로서의 공동체를 "손가락이 잘리고 발가락이 잘려 나간다면…무슨 의미가 있겠는가?"라고 표현했다. 매우 적절한 표현이다. 우리는 개인적으로 삼위 하나님과 직접 연결되지 않고, 몸의 지체로서 손가락, 발가락으로 그리스도와 연결되어 있다. 그러므로 그 자체로 떨어져 나가면 아무런 생명력이 없는 삶을 살아가게 된다. 만약 그리스도를 영접하고 교회 공동체에 소속이 되어 있지만, 주일예배만 출석하고 어떤 소그룹 모임에도 참여하지 않는다면, 그는 생명력을 잃은 것과 같다.

교회가 한 성도의 특정한 범죄로 인해 '권징'을 실시할 때가 있다. 그 권징의 요소 중 하나가 성찬을 금지하고, 교회 공동체와의 교제를 금하는 것이다. 권징의 목적은 공동체와의 분리를 통해 자신을 돌아보고 철저한 회개를 통해 다시 교회 공동체로 돌아오게 하는 것이다. 이런 맥락에서 오늘날 주일예배만 참석하고 어떤 성도의 교제도 거부하는 개인주의 영성은 어쩌면 스스로 자신에게 권징을 실시하는 것과 다를 바 없다.

손가락, 발가락은 몸과 붙어 있을 때 비로소 생명력을 유지한다. 그러므로 몸에 붙어 있기를 거부하는 것 자체가 교만이다. 이는 하나님 없이도 스스로 잘 살 수 있다는 생각이 전제된 태도이기 때문이다. 교만은 하나님과의 교제를 단절시킬 뿐 아니라 사람들과의 관계도 단절시킨다. 그러나 복음은 나의 죄인 됨을 깨닫고 혼자서는 스스로 살아갈 수 없는 의존적인 존재임을 깨닫게 한다. 우리는 하나님 없이 살 수 없는 존재이며 또한 사람 없이 살 수 없는 존재다. 하나님께서 아담이 홀로 있는 것이 좋지 못하다고 말씀하셨을 때는 아담이 타락한 이후가 아니라 타락하기 전이었음을 명심해야 한다. 하나님과 완벽한 교제를 누리고 있을 그때에도 아담 혼자 있는 것은 하나님의 눈에 좋지 못했다. 왜냐하면 하나님도 홀로 계시지 않고 삼위일체 교제 가운데 존재하시기 때문이다. 우리는 하나님과 교제가 필요하고 또한 사람과의 교제가 필요한 존재이다.

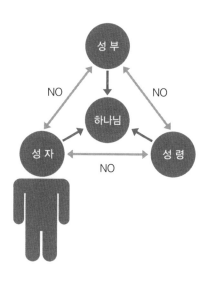

삼위 하나님과 교회의 관계

위 그림은 삼위 하나님과 교회의 관계를 표현한 것이다. 그림처럼 교회는 삼위일체 하나님의 제2 위격인 성자 예수 그리스도가 교회의 머리가 되시고 그리스도의 몸의 일부로 예수님과 연결되어 삼위일체와 연결되는 사람들이다. 에베소서는 교회 공동체의 영광스러움을 이렇게 표현한다.

> [20] 그의 능력이 그리스도 안에서 역사하사 죽은 자들 가운데서 다시 살
> 리시고 하늘에서 자기의 오른편에 앉히사 [21] 모든 통치와 권세와 능력과
> 주권과 이 세상뿐 아니라 오는 세상에 일컫는 모든 이름 위에 뛰어나게
> 하시고 [22] 또 만물을 그의 발 아래에 복종하게 하시고 그를 만물 위에
> 교회의 머리로 삼으셨느니라 [23] 교회는 그의 몸이니 만물 안에서 만물을
> 충만하게 하시는 이의 충만함이니라 _엡 1:20-23

존 스토트는 《에베소서 주석》에서 위 구절을 다음과 같이 해설했다.

> 교회는 그의 몸이다. (그가 교회를 지휘하신다) 교회는 그의 충만이다. (그가
> 교회를 채우신다) 게다가 둘 다 우주와 교회에 대한 그리스도의 이중적 통치를
> 가르친다. 한편으로 하나님은 그리스도를 만물의 머리로 교회에 주셨으며, 다
> 른 한편으로 교회는 또한 만물을 채우시는 그리스도에 의해 채움을 받는다. …
> 이것이 예수님을 죽은 자 가운데서 살리셨고, 그리스도와 함께 우리를 살리신
> 하나님의 능력이다. 그것은 만물을 그의 발 아래에 놓는다. 그것은 모든 악을
> 우리 아래에 놓을 수 있다.[5]

하나님은 그리스도를 충만케 하시고, 그리스도는 교회를 충만케 하신다.
그 충만케 된 교회는 만물을 충만케 하는 하나님의 도구로 사용되는 것이
다. 오늘날 많은 사람이 갖고 있는 오해 중 하나는 하나님의 비전을 개인의
비전으로 전락시키는 것이다. 혹은 각 개인의 직업이 하나님의 비전으로 둔

---

5 존 스토트, 정옥배 역, 《에베소서 주석》(IVP, 2007), pp. 81-84.

갑되어 하나님의 일을 생각하는 경향이 있다. 그러나 하나님은 세상을 변화시키시는 하나님의 비전을 그리스도의 몸 된 교회 공동체를 통해서 이루신다는 것을 기억해야 한다. 교회 공동체의 건강은 바로 교회 소그룹의 건강성에 기초한다.

03

어떻게 소그룹을 통해
공동체를 이룰 것인가?

소그룹 생성 과정을 이해하라

스캇 팩의 유명한 저서 《아직도 가야 할 길》의 서문은 이렇게 시작한다. "Life is difficult." (인생이란 힘든 것이다.) 그는 힘든 인생을 힘들지 않게 살 수 있는 유일한 방법은 인생이 힘들다는 것을 알며 사는 것이라 말했다.[6]

하나님의 은혜로 구원받았다는 감격을 갖고 소그룹에 들어가서 신앙생활을 한다고 해서 우리 삶에 자연스럽게 천국이 이루어지는 것이 아니다. 우리는 구원받은 천국 백성임이 분명하지만 여전히 부패한 요소가 가득한

---

6 M. 스캇 팩, 신승철, 이종만 역, 《아직도 가야 할 길》(열음사, 1991), p. 15.

죄인이기도 하다. 소그룹에서 개인과 개인이 만날 때 은혜와 유익도 많지만, 서로 다른 죄성이 부딪쳐 생기는 갈등도 존재한다.

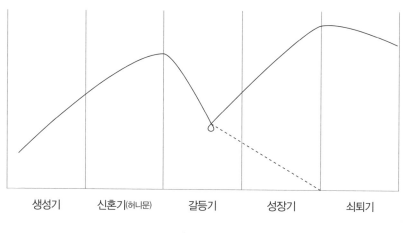

소그룹의 생성기 – 쇠퇴기

교회가 유기적인 공동체인 것처럼 소그룹 역시 단순한 모임이 아니라 유기체이다. 그래서 살아 있는 생물처럼 생성과 쇠퇴를 거친다. 소그룹 생성기에는 서먹서먹하고 어색한 분위기가 연출된다. 그러나 서로 조금씩 친해지면서 마치 신혼부부의 허니문 기간처럼 완전한 천국이 도래된 것 같은 은혜와 사랑의 나눔을 경험한다. 그러나 서로가 점점 가까워지면서 은혜의 나눔도 크지만 서로 안에 있는 죄성을 엿보게 된다. 따라서 소그룹 안에서 크고 작은 갈등들이 연출되기도 하고 관계의 갈등을 경험하게 된다. 이 단계는 어떤 소그룹도 예외 없이 거쳐야 하는 단계임을 알아야 한다. 갈등기에서 성장 단계로 도약하지 못하면 (그래프에서 점선으로 표시했듯) 자연히 쇠퇴기로 접어들게 된다. 갈등기를 거치지 않고 성숙해지는 소그룹은 존재하지 않는다. 부부가 결혼해서 갈등을 거치지 않고 성숙해질 수 있겠는가? 신혼 때처럼 뜨거운 관계는 아닐지 모르지만 깊은 정으로 이어지는 성숙은 여러 가지 어려움과 갈등을 통과함으로써 이루어진다.

현실적인 기대를 하라

많은 소그룹이 성숙해지지 못하는 이유 중 하나는 소그룹 안에서 이상적인 기대를 하기 때문이다. 본인도 죄인이고 모인 사람들 또한 아무리 영적인 수준이 뛰어나다고 해도 여전히 많은 연약함을 갖고 있는 죄인들이다. 그러니 소그룹 안에서 갈등이 일어나고, 때때로 특정 사람이 싫어지는 경향이 생기는 것은 자연스러운 일이다. 이것이 자연스럽다는 것을 알지 못하면 갈등 자체를 두려워하게 되고 건강한 성숙으로 도약하지 못한다. 갈등이 성숙으로 가기 위한 발판임을 알고, 지혜롭게 대처하면 더 깊은 성숙의 관계로 나아갈 수 있는 디딤돌이 된다.

미국 새들백 교회 릭 워렌 목사는 《목적이 이끄는 삶》에서 교회 안의 소그룹이 깨지는 이유 중 하나를 '이상과 현실의 괴리' 때문이라고 했다. 그러면서도 교회 소그룹을 떠나지 말고 사랑해야 한다고 권면한다. "우리는 그런 불완전함에도 불구하고 열정을 가지고 교회를 사랑해야 한다. 비판하면서 이상을 추구하는 것은 성숙하지 못한 행동이다. 반면에, 이상에 대한 노력 없이 현실에 안주하는 것은 자기만족일 뿐이다. 성숙함이란 이 둘 사이의 긴장 속에서 사는 것이다."

모든 겸손과 온유로 하고 오래 참음으로 사랑 가운데서 서로 용납하고
평안의 매는 줄로 성령이 하나 되게 하신 것을 힘써 지키라 _엡 4:2-3

우리는 죄인이기 때문에 의도하든 의도하지 않든 누군가에게 상처를 주
고 또 상처를 받게 된다. 문제는 그런 과정에서 성숙을 추구해야 한다는 것
이다. 본회퍼는 "믿는 사람들이 모인 공동체보다 공동체에 대한 자신의 꿈
을 더 사랑하는 사람은 그 공동체를 파괴하는 사람이다"라고 말했다.[7]

사랑을 연습하라

인내는 오래참음으로 배우는 것이다. 용기는 두렵지만 한 걸음 내디딜
때 생기는 것이다. 그렇다면 사랑은 어떻게 생기는가? 사랑은 두 가지로 배
우게 되는데 첫째, 누군가에게 사랑을 받으면서 배우고 둘째, 누군가를 사
랑함으로 배우게 된다. 사랑할 대상에는 사랑하고 싶지 않은 사람도 포함된
다. 특히 사랑하고 싶지 않은 사람을 사랑함으로 사랑은 자라난다.

인간적인 눈으로 볼 때는 사랑하고 싶지 않은 사람이지만 하나님의 은혜
로 사랑하려고 노력할 때, 우리는 자기중심성에서 벗어나게 되고 또한 감정
적 사랑이 아닌 언약으로서의 사랑을 배우게 된다. 팀 켈러도 사람의 성장
은 홀로 고독의 훈련을 통해 이루어지는 것이 아니라 깊은 관계와 공동체
를 통해 일어난다고 말했다. 소그룹은 지금껏 배웠던 복음의 의미가 삶으로
이어지는 현장이라 할 수 있다.

---

7 릭 워렌, 고성삼 역, 《목적이 이끄는 삶》(2002, 디모데), pp. 218-219.

어떤 이들은 감정이 없는 사랑은 사랑이 아니라고 말하기도 한다. 그러나 사랑하기 위해 감정이 전제되어야 한다는 것은 그릇된 생각이다. 팀 켈러는 《결혼을 말하다》에서 '행동이 감정을 부른다'고 말했다.

팀 켈러는 목회를 할 무렵 다양한 교인들을 상대한 경험을 다음과 같이 서술했다.

> 개중에는 다른 일로 왔더라면 그다지 사귀고 싶지 않았을 사람들도 적지 않았다. 좋아하지 않았다는 이야기가 아니라, 다만 끌리거나 서로 나눌 만한 점이 없었다는 뜻이다. 그럼에도 불구하고 누군가 목회자에게 상담을 요청하면 마다하지 않고 달려갔다. 또 누군가 병원에 있다고 하면 거기도 따라갔고 아들이 가출했다고 하면 차를 몰고 찾으러 다녔다. …목회자가 되는 순간부터 감정적으로 끌리지 않는 수많은 이들에게 온갖 사랑을 실천해 보이라는 명령을 받은 셈이다. 그런데 그것이 나를 변화시켰다. …거부감을 가질 만한 인격을 가진 사람들을 사랑하게 되었고 돕고 싶어졌다. …어쩌다 이렇게 된 걸까? 거룩하고 신령한 신앙을 가졌기 때문일까? 천만의 말씀이다. 좋아하는 마음이 들지 않아도 꾸준히 사랑했고 그 결과 서서히, 그러나 확실하게 감정이 행동을 따라잡기에 이른 것이다. 마음에 들지 않는 이들이라도 포기하지 않고 꾸준히 사랑하면 언젠가는 마침내 사랑스러워진다.[8]

우리의 소그룹은 참 사랑을 연습하는 장이다. 팀 켈러도 사람들을 영적으로 변화시키는 주된 방법은 공동체를 통해서라고 말했다.

은혜, 지혜, 그리고 성품에서 성장하는 것은 수업과 강의, 그리고 대형예배모임

---

8 팀 켈러, 최종훈 역, 《팀 켈러 결혼을 말하다》(2014, 두란노), pp. 135–136.

또는 고독을 통해서 일어나지 않는다. 성장은 언제나 깊은 관계와 공동체에서
일어난다. [9]

예수님과 그의 제자들의 관계를 봐도 제일 중요한 요소는 교실에서의 가
르침이 아니라 함께 지내는 삶이었다. 《예수님의 제자훈련》을 쓴 P. T. 찬다
필라는 예수님이 하신 교육의 두 가지 특징을 성육신과 동화(同化)라고 말
했다. [10] 예수님은 하늘에서 인간들에게 가르침을 던져주시는 분이 아니라
인간과 같이 되셨고, 또 그들과 함께 지내는 동거와 동화를 통해 인격적인
영향력을 미치셨다.

> [14] 이에 열둘을 세우셨으니 이는 자기와 함께 있게 하시고 또 보내사 전
> 도도 하며 [15] 귀신을 내쫓는 권능도 가지게 하려 하심이러라 _막 3:14-15

로버트 콜먼도 《주님의 전도계획》에서 '동거'의 원리를 중요한 예수님의
방식이라 소개한다. 예수님은 전도도 하고 귀신도 내쫓는 권세를 갖게 해서
제자들을 내보내셨지만 그보다 더 중요한 것은 "자기와 함께 있게" 하는 것
이었다. 사람은 자기와 오랜 시간 함께 보낸 사람을 닮아가게 된다. 그래서
우리는 소그룹이라는 환경 안에서 서로 인격적 교제를 나누면서 성장하게
되는 것이다. 사람의 성품을 변화시키는 가장 훌륭한 교실이 바로 소그룹
현장이기 때문이다.

---

9 팀 켈러, 오종향 역, 《팀 켈러의 센터처치》(2016, 두란노), p. 651.
10 P.T. 찬다필라, 신재구 역, 《예수님의 제자훈련》(IVP, 1985), p. 10.

부활하신 예수님이 갈릴리에서 다시 베드로를 부르실 때 그에게 이렇게 물으셨다.

> 또 두 번째 이르시되 요한의 아들 시몬아 네가 나를 사랑하느냐 하시니 이르되 주님 그러하나이다 내가 주님을 사랑하는 줄 주님께서 아시나이다 이르시되 내 양을 치라 하시고 _요 21:16

예수님께서는 주님의 양을 치고, 먹이는 사역을 맡길 때 "네가 양을 사랑하느냐?"라고 묻지 않으신다. 만약 양을 사랑한다는 이유로 양을 치게 되었다면, 오래 가지 않아 양이 싫어져서 그 직분을 더 이상 감당하고 싶지 않을 것이다. 어린아이를 사랑해서 유치원 교사가 된 자매에게서 '아이들이 지긋지긋해져서 힘들다'는 고백을 들은 적이 있다. 인간의 사랑에 기초를 둔다면 그 사랑은 쉽게 깨어질 수 있다. 예수님은 양을 맡기면서 "네가 나를 사랑하느냐?"라고 물으신다. 결국 양을 먹이고 섬기는 모든 힘은 하나님을 향한 사랑에서 나오는 것이다. 그리고 무엇보다 하나님을 향한 사랑은, 죄인인 나를 먼저 사랑하심으로 십자가에서 죽으신 그리스도의 사랑으로부터 흘러나온다.

옥한흠 목사의 제자훈련 교재 마지막 과의 제목은 '새 계명: 사랑하라'이다. 여기서 옥한흠 목사는 '카도스의 은혜'를 설명한다. '카도스'라는 말은 '같이', '처럼'이라는 뜻으로 부사로 사용되는 헬라어 단어이다. 예수님은 제자들에게 새 계명을 주면서 이렇게 말씀하셨다.

> 내 계명은 곧 내가 너희를 사랑한 것같이 너희도 서로 사랑하라 하는 이

것이니라 _요 15:12

우리가 서로 사랑할 수 있는 근거는 예수님이 먼저 우리를 사랑하셨다는 사실에 있다. "내가 너희를 사랑한 것같이" 사랑하라는 말은 그 은혜로 사람을 사랑하라는 말이다. 옥한흠 목사는 이렇게 설명한다.

> 우리가 서로 사랑하기 위해서는 하나님이 주시는 카도스(내가 너희를 사랑한 것같이)의 은혜가 있어야 된다. 하나님이 나를 얼마나 사랑해 주셨는가를 아는 그 은혜가 있을 때만이 우리가 이 사랑을 실천할 수 있다. 그러므로 우리가 진정 고민해야 할 것은 사랑하지 못하는 것이 아니라 은혜가 부족한 것이다. 우리는 우리 자신에게 하나님의 사랑을 아는 '카도스'의 은혜가 부족한 것을 놓고 고민해야 한다. 우리는 은혜를 받은 만큼 사랑할 수 있다. 하나님의 사랑을 아는 것만큼 형제를 사랑할 수 있다.[11]

소그룹은 사랑을 연습하는 시련의 장이다. 팀 켈러가 결혼을 지옥이라는 현실에서 하나님의 나라를 세우는 것이라 표현한 것처럼, 죄악 된 세상의 한가운데 하나님의 나라를 이루어가는 곳이 바로 소그룹 현장이다.

또한 성경의 약속은 개인에게 주신 것이 아니라 대부분 공동체를 향해 주신 것들이다. 하나님은 출애굽한 이스라엘 백성을 열방의 빛이 되기 위한 대안사회로 만들기 위해 시내산 위에서 십계명을 주셨다. 로마서 12장 1-2절의 "너희 몸을 하나님의 거룩한 산 제사로 드리라"는 구절도 흔히 개인의 헌신으로 해석되지만 '몸'이라는 단어와 '너희'라는 단어는 모두 복수로 사

---

11 옥한흠, 제자훈련 교재 3권 《작은 예수가 되라》(2007, DMI), p. 112.

용된 단어다. 즉 성경의 윤리는 개인이 아닌 공동체를 향한 약속이고, 그것은 공동체를 통해서 이루어지는 것이다.

말씀을 함께 나누라

존 스토트는 오늘날의 교회에서 지나치게 많이 사용되지만 과소평가되는 단어가 바로 '교제'(fellowship)라고 말했다.

단순히 유쾌한 오후에 차 한잔 마시면서 나누는 잡담을 일컬어 교제라고 말하는 시대가 되었다는 것이다.[12]

그러나 참된 성도의 교제는 단순한 잡담이나 개인사의 나눔 정도가 아니다. 하나님의 말씀을 나누며 함께 성장하는 모임이다. 개인적으로 하나님을 알아갈 때보다 소그룹 안에서 더 풍성하게 하나님을 알아갈 수 있다. C.S. 루이스는 《네 가지 사랑》에서 자신과 찰스 윌리엄스와 로날드 톨킨 사이의 친밀한 우정을 묘사했다. 찰스 윌리엄스가 죽은 후에 루이스는 다음과 같은 발견을 했다.

A, B, C라는 친구 세 사람이 있을 때, 세 번째 친구인 C가 죽는다면 A는 단순히 C만 잃을 뿐 아니라 'B 안에 있는 C'를 잃는 것이고, B도 C뿐 아니라 'A 안에 있는 C'를 동시에 잃는 것이 된다는 사실이다.

---

12 존 스토트, 신현기 역, 《살아 있는 교회》(2007, IVP), p. 107.

찰스가 죽었으므로 이제 저는 찰스 특유의 농담에 로날드가 했던 반응을 다시 볼 수 없게 되었습니다. 찰스가 사라지면 저는 로날드를 '독차지' 함으로써 로날드를 더 많이 얻는 것이 아니라 오히려 그를 덜 갖게 되는 것입니다. 이렇게 참된 우정은 사랑 중에서 가장 질투가 적은 사랑입니다. 두 친구는 친구가 늘어나 셋이 되는 것을 즐거워하고 셋은 넷이 되는 것을 즐거워합니다. 친구를 공유하는 사람들이 많으면 더 많은 기쁨을 소유하게 됩니다.[13]

하나님을 소유하고 알아가는 것도 마찬가지다. 한 사람의 지식보다 서로의 지식을 나눌 때, 우리는 더욱 풍성하게 하나님을 알아갈 수 있다. 이것을 C.S.루이스는 천국 자체에 대한 "유사성으로서의 가까움"이라고 표현했다. 천국은 도저히 셀 수 없을 만큼 허다한 축복을 받은 이들이 저마다 하나님을 누리며 맺은 열매를 증거하는 곳이기 때문이다. 또 단테의 《신곡》에 나오는 복된 영혼들처럼 "우리의 사랑을 풍성하게 해 줄 사람이 저기 오는도다"라고 말할 수 있는 것이다. 왜냐하면 사랑은 나눌수록 줄어드는 것이 아닌 더 풍성히 늘어나는 것이기 때문이다.

팀 켈러는 C.S.루이스의 말을 묵상하면서 "하물며 인간일지라도 다 알기에는 너무나 풍부하고 다양한 면이 있다는 것이다. 당신이 누군가를 안다고 생각하지만, 그 누구도 혼자 힘으로 그 사람 내면에 있는 모든 것을 꺼낼 수가 없다. 당신은 그 사람이 다른 사람들과 함께 있는 것을 볼 필요가 있다. 인간 존재 서로에게 이것이 진실이라면, 주님과는 얼마나 더 그렇겠는가? 당신 혼자서는 예수님을 정말로 알 수가 없다"라고 말했다.[14]

---

13 C.S.루이스, 이종태 역, 《네 가지 사랑》(2006, 홍성사), p. 112.
14 팀 켈러, 오종향 역, 《팀 켈러의 센터처치》(2016, 두란노), p. 658.

우리는 하나님의 말씀과 은혜를 함께 나누면서 더욱 예수님을 닮아가는 진실한 공동체로 성장하게 된다.

함께 섬기라

성도의 교제는 단순히 성도들끼리 은혜를 나누는 수준에 머무르지 않는다. 하나님의 은혜는 반드시 교회 공동체 외부로 흘러가야 하고, 그 은혜는 교회 안의 성도들을 향한 사랑을 포함하여 세상 끝까지 나아가는 사랑이어야 한다. '코이노니아'라는 말은 우리가 함께 받은 성부, 성자, 성령 하나님의 사랑을 나누는 것을 의미함과 동시에 공동의 봉사를 나타내는 말이다. 교회 공동체의 원형이라고 할 수 있는 초대교회 성도들은 모여서 은혜를 나누고, 나아가 세상을 향한 섬김을 감당하였다.

> 44 믿는 사람이 다 함께 있어 모든 물건을 서로 통용하고 45 또 재산과 소유를 팔아 각 사람의 필요를 따라 나눠 주며 46 날마다 마음을 같이하여 성전에 모이기를 힘쓰고 집에서 떡을 떼며 기쁨과 순전한 마음으로 음식을 먹고 47 하나님을 찬미하며 또 온 백성에게 칭송을 받으니 주께서 구원 받는 사람을 날마다 더하게 하시니라 _행 2:44-47

하나님의 은혜를 누리는 공동체는 여전히 하나님의 은혜를 누리지 못하는 곳을 향해 아픔을 가지고 나아가야 한다. 구약 시대에도 약자를 돌보는 것은 이스라엘의 의무 중 하나였다. 이스라엘 백성은 가난하고 연약한 이들을 위해 사회정의를 실현할 책임을 맡았고, 이것은 선택된 민족으로서 그들이 하나님의 영광과 거룩한 성품을 열방에 드러낼 수 있는 길이었다. 팀 켈러는 《정의란 무엇인가?》[15]에서 은혜가 반드시 세상을 섬기는 것으로 나아가야 한다는 점을 한 마디로 표현했다.

성경에서 '의롭다'라는 말은 하나님과 올바른 관계를 맺고 있는 까닭에 삶에서 맞닥뜨리게 되는 모든 관계를 바로잡는 일에 자연스럽게 헌신한다는 의미이다.

또한 소그룹이나 교회 공동체가 모여서 함께 섬길 때, 서로 안에 더욱 깊은 우정과 신뢰가 생기기도 한다. 더욱이 소그룹으로 봉사할 때의 장점은 소그룹에 참여한 개개인의 은사가 사장되지 않는다는 것이다. 교회 대그룹에서 봉사를 하거나 섬기게 될 경우, 구성원들 중 참여하지 않는 사람도 생기게 되고 참여하더라도 주도적으로 일을 하는 사람들만 섬기는 경향이 있다. 더욱이 승자독식사회가 된 오늘날에는 전문인들이 주도를 하고 일반 성도들은 적극적인 참여를 하지 못할 때도 있다. 그러나 소그룹은 모여 있는 구성원 한 사람 한 사람의 은사가 다 발휘되는 곳이다.

2000년 겨울, 청년 8명과 몽골 단기선교를 떠났다. 당시 영하 40도가 넘는 환경 속에서 우리가 준비한 프로그램들을 제대로 실행할 수 없어, 급히 팀 회의를 거쳐 몽골 아이들을 위한 성경학교 프로그램을 다시 기획하고 진행했다. 그때 팀원들 안에 있는 각각의 다양한 은사들이 발휘되는 것을 경험했다. 비록 전문적이지는 못했을지라도, 색종이 접기, 요리, 연극, 촬영

---

15 팀 켈러, 최종훈 역, 《팀켈러의 정의란 무엇인가》(2012, 두란노), p. 42.

등 각자에게 주어진 다양한 은사로 함께 섬겼다. 15년도 더 지났지만 그때 그 팀원들을 생각하면 단순한 단기선교 팀이 아니라 마치 고생하며 언덕을 함께 넘은 전우 같은 느낌이 든다. 함께 사역을 하고, 함께 섬길 때 우리가 더욱 하나가 되기 때문일 것이다.

04
어떤 소그룹이 되어야 하는가?

모인다고 다 공동체가 되는 것은 아니다

 팀 켈러는 《복음과 삶》이라는 성경공부 교재에서 오늘날 소그룹의 가장 큰 문제는 모이긴 모이지만 공동체가 되지 못하고 더욱 개인화 되는 것이라 언급했다. 프린스턴 대학의 로버트 우스노우 교수도 소그룹의 가장 큰 어려움에 대해 "개인이 타인 앞에서 자기에게 초점을 맞추는 계기를 제공하는 것"이라고 밝혔다.[16] 다시 말해, 매주 소그룹으로 모이지만 공동체로 성장하지 못할 수 있다는 것이다. 왜냐하면 우리의 우상과 마음의 습관들로 인해 교회 모임은 단지 '개인들이 다른 사람들 앞에서 자기에게 초점을 맞

---

16 팀 켈러, 오종향 역, 《복음과 삶》, 두란노.

추는 장소'가 될 수도 있기 때문이다.

예배에 참석한다고 진정한 은혜를 받는 것이 아니듯이, 소그룹으로 모인다 하여 참된 공동체가 되는 것은 아니다.

결국 복음으로 인간 내면의 우상들을 들추어내고 도전을 촉구하며 회개로 이끌어가는 자기부인의 요소들이 없다면, 소그룹 안에서조차 개인주의는 더욱 강화될 수 있다. 팀 켈러는 앞서 말한 성경공부 교재에서 '공동체' 파트를 '우상숭배' 뒤에 배치했다. 아마도 개인의 우상들과 마음의 습관들을 바르게 알려주지 못하거나 자기부인으로 인도하지 못한다면, 소그룹 안에서도 다양한 우상들과 마음의 습관들이 모임 자체에 영향을 주기 때문일 것이다. 그런 요소들을 100% 제거할 수는 없지만, 그럼에도 불구하고 복음 앞에서 자신을 돌아보고 하나님의 말씀 앞에서 씨름하는 과정들이 소그룹 안에서 이루어져야 한다.

마음의 우상을 분별해야 한다

그러므로 소그룹에서 성경공부가 빠지거나 약화되어서는 안 된다. 오늘날의 소그룹은 전도와 교제 시간을 늘이면서 말씀이 점점 약해지는 경향이 있는 것 같다. 그러나 사람을 변화시키는 것은 언제나 하나님의 말씀이다. 좌우로 날선 검과 같은 하나님의 말씀만이 우리 안에 있는 우상의 요소들을 다 들추어내고 회개의 자리로 인도한다. 그리고 말씀을 통한 자기부인의 과정이 건강한 공동체로 나아가는 밑거름이 된다.

소그룹에 대한 이론들을 보면 대부분 미국에서 번역된 책들이 많고 그 영향을 받은 책이 대부분이다. 대개 번역된 책에서는 소그룹을 '전도'의 도구로 생각하는 경향을 보인다. 그래서 각 소그룹에서 집중하는 일은 '소그룹 전도'를 위해서 모임의 문턱을 낮추는 것이다. 그러나 우리는 미국의 소그룹과 한국의 소그룹 간의 차이를 알아야 한다. 미국에서 교회를 다니지 않는 사람들 중에는 말 그대로 Seeker(구도자)가 많다. 크리스천은 아니지만 기독교 문화에서 자랐기 때문이다. 따라서 이들은 모임의 문턱을 낮추어주면 교회로 올 확률이 높다. 그러나 한국은 말그대로 '불신자'들인 경우가 많다. 기독교 문화가 아닌 유교와 불교 문화권에서 자란 사람들에게 모임의 문턱을 낮추어준다고 해서 그들이 쉽게 교회로 발걸음을 옮기진 않는다. 한때 유행했던 '구도자 예배'(seeker service)가 지금 한국교회 안에서 잘 보이지 않는 이유도 불신자에 대한 분석이 잘못되었기 때문일 것이다.

소그룹을 단지 전도의 도구로 생각한다면, 그 안에서 말씀이 약해짐과 동시에 자기중심성이 더욱 강화될 수도 있다. 진정한 소그룹 전도는 초대교회처럼 말씀으로 변화된 공동체의 삶이어야 한다. 그들이 모임의 문턱을 낮추어주었기 때문에 사람들이 교회로 많이 온 것이 아니라, 그들의 삶이 사회와 다른 대안 공동체였기 때문이다. 교회사를 보면 전염병이 퍼졌을 당시 이방종교들은 고난에 대한 답을 제시하지 못했을 뿐 아니라 모두 피신하기에 급급했다. 하지만 교회는 역병에 대처하고자 하나님께 기도했고, 또 병든 사람을 향한 보살핌과 돌봄, 사랑으로 질병을 극복해야 한다고 권고와 실천을 행했다. 이 당시의 기독교는 조직적으로 박해를 받고 있던 시기였지만 죽음 앞에서도 부활의 신앙을 가지고 세상을 섬겼다. 기독교의 가치가 진정 빛을 발한 때였다. 많은 사람들은 감염의 위험 속에서도 신실한 사랑을 실천한 기독교인들을 향해 '파라볼라노이' 곧 '위험을 무릅쓰는' 사람들이라는 칭호를 붙여주었다. 많은 역사학자들은 이런 헌신적인 삶, 세상과 다른 복음의 실천이 후일에 기독교 확산에 영향을 주었다고 평한다.[17]

우리의 소그룹은 단순히 모여 서로의 삶을 나누는 정도를 뛰어넘어 복음의 공동체가 되도록 힘써야 한다. 개인주의가 만연한 시대 속에서 복음을 통해 마음의 우상들을 깨뜨리고 도전을 심는 건강한 소그룹 곧 '복음의 역사가 살아 있는 소그룹'이 되어야 한다. 우상이란 하나님보다 더 사랑하는 모든 것이라 말할 수 있다. 자신의 평판과 인정을 하나님보다 더 사랑할 때 그 사람은 평판이 무너지는 위기에서 거짓말을 하게 될 것이다.

남편이나 아내를 하나님보다 더 사랑하게 되면 남편과 아내가 자신을 실망시킬 때 절망에 빠질 수도 있다. 슬픔은 이겨낼 수 있는 어려움이지만 절망은 헤어나지 못하는 고통이다. 내 삶의 어떤 것이 나를 절망시킨다면 사실 그것을 하나님보다 더 사랑했다는 증거일 것이다. 우리는 마음의 슬픔과 절망 등을 통해 내 안에 있는 우상이 무엇인지를 발견할 수 있게 된다. 그래서 어거스틴은 죄를 가리켜 '순서가 바뀐 사랑'(disordered love)이라고 말했다. 하나님을 가장 사랑할 때 삶의 모든 것은 균형을 이루고 안정감을 누릴 수 있다. 하나님보다 가족을 더 사랑하면 가족이 우상숭배가 되어 우리는 철저한 노예로 살 수밖에 없지만, 하나님을 가장 사랑하면 가족도 성공도 돈도 취미생활도 모두 아름답게 즐길 수 있다. 비로소 사랑의 균형이 잡히는 것이다.

---

17 안명준 외 , 《전염병과 마주한 기독교》(2020, 다함), pp. 123-124.

우리는 소그룹을 통해 내 안에 있는 욕망의 우상들을 드러내고 함께 회개해야 한다. 복음이 선포되고 서로 용납하고 기도하는 공동체가 될 때 우리는 자신 안에 있는 우상을 버리고 하나님께 나아갈 수 있게 된다. 마음 깊은 곳의 우상을 고백하고 기도하는 것은 대그룹 예배를 통해 이루어지지 않는다. 비밀을 지켜줄 수 있는 소수의 안정된 공동체 안에서 함께 아파하고 기도하면서 서서히 사랑의 순서가 바뀌는 것이다.

복음으로 구별된 공동체가 돼라

팀 켈러는 기독교 공동체의 특징을 세 가지로 정리했다.

첫째, 복음으로 구별된 하나님의 백성이다.

애굽의 노예에서 해방되는 출애굽을 통해 하나님은 당신의 백성을 시내산으로 부르셨다. 그곳에서 선언하시기를, 이제 이스라엘 백성은 하나님의 특별한 소유가 되었고, 하나님의 말씀을 듣고 순종하는 삶을 통해 세상에서 제사장 나라로 서는 거룩한 백성이 되었다고 하셨다. 그리고 하나님은 구별된 백성으로 구원받은 이스라엘을 향해 십계명을 주시면서 그들이 어떻게 살아야 할지 알려주셨다. 그러므로 복음으로 변화된 삶은 그리스도의 공동체에 가장 우선적으로 필요하다. 건강한 소그룹은 언제나 건강한 말씀 선포와 함께 간다. 말씀으로 복음을 이해하고, 은혜를 경험할 때 복음의 공동체, 복음적 소그룹이 생성될 것이다.

둘째, 그리스도의 몸의 지체들이다.

앞에서도 언급했듯이, 우리는 개인적으로 예수님을 영접해서 하나님의 백성이 된 사람들이 아니라 그리스도의 몸의 지체로 부름을 받은 사람들이다. '그리스도의 지체'라는 말에 대해 유진 피터슨은 다음과 같이 표현했다. "우리는 공동체이다. 혼자서는 우리가 아니다. 우리는 공동체 속에서 태어나며 공동체 안에서 살아가며 공동체 안에서 죽는다. 인간 존재는 혼자가 아니며 혼자로 충분하지 않다." 교회는 조직체가 아니라 유기체이다. 그리고 각 개인은 그리스도의 몸을 이루는 각 지체로 구원을 얻은 것이지, 제각기 분리되어 있는 존재들로 구원을 얻은 것이 아니다.

필연적으로 그리스도의 사람들은 그리스도의 몸의 사람들이 되어야 한다. 존 스토트에 따르면, 그리스도를 사랑한다는 말은 그리스도의 몸을 사랑하는 것이다. 그리스도의 교회를 사랑하지 않고 그리스도를 사랑할 수 없다. 그래서 교회 소그룹은 언제나 각 지체들의 헌신을 필요로 한다. 모든 건강한 공동체는 서로를 위한 헌신을 통해 이루어진다. 신약성경에 '서로'라는 명령이 60번이 넘게 기록되어 있다. 건강한 공동체를 향한 헌신 없이, 서로를 향한 헌신 없이 그리스도의 몸은 건강해질 수 없을 것이다. 개인주의적인 신앙생활을 고집한다면 우리는 내가 원하는 신앙을 하는 것이지 하나님이 원하시는 신앙생활을 하는 것이 아니다. 우리 인생의 목적은 하나님을 사랑하고 사람을 사랑하는 것이다. 어떤 개인의 성취를 위해 하나님 사랑과 사람 사랑을 소홀히 할 수 없다.

셋째, 성령의 교제이다.

교회의 소그룹은 일반 사회의 동아리와 다르다. 교회의 소그룹은 서로

친하게 지내는 동아리 모임 정도가 아니라 생명력 있는 사랑의 끈으로 묶여진 철저한 성령 공동체이다. 그래서 사회의 공동체와 다른 대안 공동체가 되어야 한다. 성령 충만한 그리스도인의 공동체는 대안사회이다. 세상과 구별된 천국의 공동체로 이 땅에 존재하는 것이다. 예수님은 교회 공동체를 "산 위에 있는 동네"라고 표현하셨다. 교회 공동체는 하나님의 영광을 세상 가운데 보여주는 종말론적 가시적 공동체라는 것이다.

김홍전 목사는 〈교회에 대하여〉라는 설교에서 교회 공동체는 단순한 모임이 아니라고 말했다. 각각 조각난 나무가 모인 곳이 공동체인데, 조각난 나무를 철사로 묶는다고 하나가 되지 않는다. 생명력이 없기 때문이다. 그 조각난 나무가 생명력 있게 하나가 되는 사역은 오직 성령님의 역사로만 가능하다. 결국 교회 공동체가 해야 하는 가장 중요한 사역이 바로 기도이다. 성령님이 함께하지 않으시면 우리의 모임은 단순한 만남 이상의 것이 되지 못한다.

팀 켈러가 위에서 언급한 이 세 가지가 없을 때 우리의 소그룹은 많은 사람들 앞에서 각자의 개인주의만 더욱 강화되는 모습을 보이게 될 것이다. 교회 공동체는 복음으로 변화된 은혜의 사람들이 서로를 위해 헌신하며, 자기를 희생하며, 성령 충만한 대안사회로 살아가는 곳이다.

9 그러나 너희는 택하신 족속이요 왕 같은 제사장들이요 거룩한 나라요
그의 소유가 된 백성이니 이는 너희를 어두운 데서 불러 내어 그의 기이한
빛에 들어가게 하신 이의 아름다운 덕을 선포하게 하려 하심이라 10 너희

가 전에는 백성이 아니더니 이제는 하나님의 백성이요 전에는 긍휼을 얻지 못하였더니 이제는 긍휼을 얻은 자니라 ¹¹ 사랑하는 자들아 거류민과 나그네 같은 너희를 권하노니 영혼을 거슬러 싸우는 육체의 정욕을 제어하라 ¹² 너희가 이방인 중에서 행실을 선하게 가져 너희를 악행한다고 비방하는 자들로 하여금 너희 선한 일을 보고 오시는 날에 하나님께 영광을 돌리게 하려 함이라 _벧전 2:9-12

팀 켈러는 복음으로 빚어진 공동체의 비전에 대해 이렇게 썼다.

복음으로 빚어진 사람들은 깊은 공동체를 이룰 수 있다. 그러나 또한 오직 깊은 공동체 안에서만 우리는 복음으로 빚어진 사람이 된다. 즉, 복음이 우리의 삶을 변화시키려면 삶을 함께 나누어야 하고 우리의 이야기를 해야 하고 함께 식사를 해야 한다. 서로 죄를 자백하며 서로를 점검하고 붙들어 주어야 한다. 함께 결정하고 상의해야 한다. 함께 배우고 함께 공부해야 한다. 그래서 당신의 인간관계가 그 수준까지 깊어지게 해야 한다. 그렇게 깊고, 서로를 지원해주고 서로 도전을 주고 서로에게 헌신하는 관계가 되면 삶은 변화될 것이다. …우리는 그런 공동체가 되는 법을 배워야 한다. 그것은 그냥 교회에 오는 것만으로는 안 된다. 그것은 공동체 안에 있는 것이 아니라 군중 속에 있는 것이다. 매주 교회에 와서 공동체에 단단히 결속되어 새로운 인류, 새로운 공동체에 속한 사람으로서 하나님을 따르고 믿고 알아야 한다.¹⁸

우리에겐 이런 새로운 공동체, 새로운 소그룹에 대한 철학과 비전이 필요하다. 우리는 단순히 모임에 머무는 자들이 아니다. 우리는 소그룹의 중

---

18 팀 켈러, 오종향 역, 《복음과 삶》(2018, 두란노), p.128.

요한 본질을 깨달아 예수님이 그렇게 원하셨던 '산위의 동네'가 되어야 한다. 즉, 우리는 세속적 사고와 다른 성경적 사고, 세상의 방식과 다른 새로운 대안 공동체가 되는 것을 소그룹의 철학과 비전으로 삼아야 한다.

존 스토트는 《에베소서 주석》의 제목을 '하나님의 새로운 사회'(God's new society)라고 붙였다. 이 제목은 에베소서 2장을 근거로 한다.

> [15] 법조문으로 된 계명의 율법을 폐하셨으니 이는 이 둘로 자기 안에서 한 새 사람을 지어 화평하게 하시고 [16] 또 십자가로 이 둘을 한 몸으로 하나님과 화목하게 하려 하심이라 원수 된 것을 십자가로 소멸하시고 [17] 또 오셔서 먼 데 있는 너희에게 평안을 전하시고 가까운 데 있는 자들에게 평안을 전하셨으니 [18] 이는 그로 말미암아 우리 둘이 한 성령 안에서 아버지께 나아감을 얻게 하려 하심이라 _엡 2:15-18

이방인과 유대인은 오랫동안 서로 하나가 되지 못했다. 그 막혔던 담들이 그리스도의 피로 무너졌고 하나가 되었다. 원수된 사람들이 하나가 되는 이유는 원수되었던 우리가 그리스도를 통해 용서받았기 때문이다. D.A.카슨은 Love in Hard Places (어려운 곳에서의 사랑)에 이렇게 썼다.

교회는 자연스러운 원수들로 구성된다. 우리를 함께 하나로 묶는 것은 공통교육이나 공통 인종, 공통 소득 수준, 공통 정파, 국적, 사투리, 직업 또는 다른 종류의 것이 아니다. 그리스도인들은 모두 예수 그리스도에 의해 구원받았기 때문에 하나가 된다. 그리스도인들은 그분께 공통의 충성을 빚진 존재이다. 그들

은 예수님으로 인하여 서로 사랑하는 자연스러운 원수들의 모임이다.[19]

에베소서에서도 동일하게 이야기한다. 하나님은 원수된 것을 십자가로 소멸하셨다. 그리고 바울은 유대인과 이방인을 비유적 모델로 제시하면서 모든 구원받은 백성이 어떤 정체성을 가져야 할지를 선포한다.

이 둘로 자기 안에서 한 새 사람을 지어 _엡 2:15

서로 원수 되었던 두 사람을 그리스도 안에서 한 명의 새로운 사람으로 지으셨다. 여기서 '지었다'라는 헬라어 '크티조'는 '창조하다'라는 말이다. 하나님은 원수 되었던 이방인과 유대인을 다시 진흙으로 하나로 합쳐서 생기를 불어넣어 새로운 인간으로, 하나 된 인간으로 새롭게 창조하셨다. 이 것이 우리가 얻은 구원의 정체성이자 복음의 정체성이다. 존 스토트는 이렇게 말했다.

> 남자와 여자라는 인간들의 구분이 제거되었다는 말은 아니다. 남자는 여전히 남자이고 여자는 여전히 여자이며 유대인은 여전히 유대인이고, 이방인은 여전히 이방인이다. 하지만 하나님 앞에서 불평등은 폐하여졌고 그리스도 안에 새로운 연합이 있다.[20]

결국 교회의 소그룹은 타락한 세상 속에서 삼위일체 하나님의 연합을 꿈

---

19 같은 책, p. 127.
20 존 스토트, 정옥배 역, 《에베소서 강해》(2007, IVP), p. 125.

꾸며 서로 하나 되는 새로운 대안사회이다. 하나님은 하늘에 있는 천상의 공동체를 이 땅에 세우시길 원하셨다. 그리스도의 용서와 은혜를 경험한 사람들이 서로를 용납하고 사랑하는 거룩한 공동체. 이것이 우리 소그룹의 비전이며 철학이다. 예수님이 다시 오실 그날까지 완벽한 연합을 이룰 수는 없지만 복음의 공동체는 언제나 그 꿈을 포기하지 않을 것이다. 우리는 비록 부족하지만, 세상은 우리의 공동체를 통해 하나님의 나라가 이 땅 가운데 이미 임했다는 것을 알게 될 것이다.

소그룹 모임 전에 인도자가 꼭 해야 하는 일이 있다.
구성원의 기도제목을 받아 공동기도제목과 함께
구성원이 모두 모인 곳에 공지해야 한다. 그리고 첫 모임 때
그 기도 리스트를 출력해 함께 공유해야 한다.
이는 매일 서로를 위해 기도함으로 그리스도 안에서
연대감과 친밀감을 더하기 위함이다.

소그룹 원리와
방법의 실제

사람은 그 입의 대답으로 말미암아 기쁨을 얻나니
때에 맞는 말이 얼마나 아름다운고

잠언 15:23

01
소그룹 인도자의 자격

소그룹은 모임의 목적과 형식에 따라 다양하게 구성된다. 대표적으로 구역 소그룹, 제자훈련 소그룹, 언약 소그룹, 셀 소그룹, 전도 양육 소그룹, 치유 및 회복 소그룹 등이 있다.[1]

그렇다면 이렇게 다양한 소그룹 모임을 인도하는 데 있어 중요한 운영 원리와 실제적인 방법은 무엇일까? 다음 세 가지 질문들을 토대로 살펴보고자 한다. 첫째, 양육과 훈련을 위한 소그룹 인도자가 갖추어야 할 자격은 무엇일까? 둘째, 소그룹 인도자가 역동적인 소그룹 모임을 준비하기 위해 모임 전에 해야 할 일은 무엇인가? 셋째, 실제적인 소그룹 운영 원리와 방

---

1 이영훈, 《소그룹 리더 학교》(2013, ICG), pp.16–22.

법은 무엇인가?

이번 장에서는 내가 2016년과 2018년에 대구 동신교회 청년부 '토요 직장인 양육 기초반' 인도자로 섬겼던 내용과 올리브 선교회 '삶의 영성 제자 훈련학교' 디렉터로서 섬기면서 배우고 고민한 내용을 중심으로 소그룹 운영 원리와 방법들을 소개하고자 한다.

소그룹 지도자에게 필요한 완벽한 역량과 모든 자질을 소유한 사람은 없다. 그러나 소그룹 지도자가 되기 위해서는 최소한 세 가지 조건을 갖추고 있어야 한다.

첫 번째는 소그룹을 섬기기 위한 건전한 동기다.

빌 도나휴는 《삶을 변화시키는 소그룹 인도법》에서 소그룹 모임 리더십의 건전한 동기들과 잘못된 동기들에 관해 설명한다. 건전한 동기에는 그리스도를 섬기기 위함, 삶 속에 열매를 맺기 위함, 다른 사람들을 목양하기 위함, 몸 된 교회에 본이 되기 위함, 다른 사람들을 섬기는 데 은사를 사용하기 위함, 회복하게 하는 메시지를 전달하기 위함이 있다.[2] 반면 높아지기 위해, 중요한 사람으로 보이거나 유세를 부리기 위해, 타인의 강요 때문에 섬기는 것은 리더십의 잘못된 동기에 해당한다.[3] 잘못된 동기는 잘못된 결과를 낳기 때문에 인도자는 소그룹 모임을 시작하면서부터 마칠 때까지 매 과정 기도하면서 마음의 동기를 점검해야 한다.

나는 올리브 선교회 '삶의 영성 제자훈련'의 디렉터로 섬기면서 잘못된

---

2 빌 도나휴, 송영선, 김주성 역, 《삶을 변화시키는 소그룹 인도법》(2004, DMI), pp. 53-54.
3 같은 책, pp. 54-55.

동기로 인해 큰 실수를 한 적이 있다. '삶의 영성 제자훈련'(이하 제자훈련)의 목적은 일상 속에서 하나님을 사랑하고 이웃을 사랑하며 주님 안에서 자신을 보배롭고 존귀하게 여기고, 하나님께서 지으신 피조 세계를 다스리며 사랑하는 자를 세우는 데 있다. 일상에서 선교하는 인생, 선교 지향적인 삶을 살아가는 제자를 만드는 것이 훈련의 주된 목적이다 보니 어찌 보면 쉽게 넘어질 수 있는 부분이다. 제1기 제자훈련학교를 위해 모든 것을 쏟아부을 정도로 최선을 다해 섬겼는데, 훈련을 진행하면서 점점 불만이 쌓였다. 어렵게 인터뷰를 통과한 4명의 훈련생 중 2명이 훈련을 잘 따라오지 못했기 때문이다. 제자훈련을 시작하기 전에 섬긴 모든 양육과 훈련 소그룹 모임에서 낙오자가 단 한 명도 발생하지 않았는데 처음으로 낙오자가 생길 것 같았다. 그때 내 안에는 '지금 이 훈련생들이 1기이기 때문에 앞으로 훈련에 임할 다음 기수를 위해서라도 좋은 열매가 있어야 한다'는 압박감이 있었다. 많은 조직(혹은 소그룹)이 사람을 조직을 위한 소모품으로 만들어버리는 구조를 구축[4]하는데, 나는 그런 현상을 늘 경계해왔다. 그럼에도 불구하고 압박감이 밀려오자 훈련생들을 조직을 위한 소모품처럼 여기는 말들을 하게 되었다. 물론 스스로는 그 순간에도 훈련생들을 소모품으로 여기는 것이 아니라 잘 섬기고 있다고 생각했다. 그러나 빌 도나휴의 글은 내 마음의 동기가 변질되었다는 사실을 여실히 드러내주었다.

리더들은 이렇게 소리친다. '저는 오늘 이 과를 인도하기 위해 7시간이나 준비했습니다. 그런데 여러분이 숙제들을 안 해 왔다니 얼마나 마음이 아픈지 모릅니다. 이제 제 모든 수고가 무슨 소용이 있겠습니까?' 이 말은 이렇게 해석할

---

4 같은 책, p. 15.

수 있다. '나는 여러분이 반드시 들어야 할 이 수업을 준비하기 위해 무척 애를 썼습니다. 내가 이렇게 준비했으니 여러분은 들어야 하지 않겠습니까? 여러분이 이 수업에서 맡아야 할 역할은 청중입니다. 만일 여러분이 그 역할에 충실하지 않는다면, 내가 어떻게 가르치는 사역을 계속하겠습니까?' 이러한 주장에는 일리도 있지만, 위의 두 가지 경우에는 사람들이 조직의 필요를 채우기 위해 존재한다고 전제하고 있다.[5]

본 회퍼도 《성도의 공동생활》에서 이렇게 말했다. "그리스도교적 사귐 자체보다, 그리스도교적 사귐에 대한 자신의 꿈을 더 사랑하는 사람은 결국 그리스도교적 사귐을 파괴하는 사람이 됩니다."[6] 생각해보니 훈련생들이 아니라 내가 더 큰 문제였다. 주님 안에서 제자들을 사랑하고 교제하며 온전한 자로 세우기 위해 섬겨야 하는데 내가 생각하는 방식대로 밀어붙이다 보니 문제가 생길 수밖에 없었다. 결국 2명은 수료하지 못했고 훈련을 마친 2명 중 1명은 선교회 간사로 섬기게 되었으나 보름도 되지 않아 떠나버렸다. 철저히 실패한 훈련이었다. 나는 이 사건을 계기로 지도자가 소그룹을 마치는 날까지 동일한 마음으로 섬기는 것이 얼마나 중요한지 배울 수 있었다. 그래서 2기 때는 더 많이 기도하고 섬기기 위해 애를 썼다. 하나님께서는 1기의 실패에도 불구하고 내게 3명의 훈련생을 보내주셨다. 나는 이 제자들이 성장할 수 있는 길을 찾아 모든 상황에 유연하게 대처하며 훈련을 했다. 무엇보다 이들을 조직을 위한 소모품처럼 여기는 태도를 경계했고, 주님의 온전한 제자로 세우는 데 집중했다. 그 결과 하나님께서 은혜를 베풀어주셔서 3명 모두 수료했고, 이들은 모두 현재 목요 중보기도 모임의

5 같은 책, p. 16.
6 〈빛과 소금〉 2020년 5월호, 두란노, p. 116 재인용.

스텝과 중보기도자로 섬기고 있다. 하나님께서 부르시는 곳이라면 어디든 파송될 귀한 동역자로 서게 된 것이다.

소그룹 지도자가 갖추어야 할 두 번째 기본 조건은 꾸준한 기도 생활이다. 예수님도 소그룹 모임의 지도자셨다. 동시에 예수님께 찾아온 수많은 병든 자와 귀신 들린 자를 고쳐주신 대중 사역자셨다. 예수님은 제자들을 돌보시고, 천국 복음을 전파하시며, 가르치시고 치유하시는 사역 때문에 늘 피곤하셨을 것이다. 그런데도 예수님은 새벽에 일어나 한적한 곳으로 가서 기도하셨다(막 1:35). 예수님은 사명을 감당하기 위해 습관적으로 기도하셨다(눅 22:39).

예수님께서 기도하시는 모습은 우리에게 두 가지 중요한 교훈을 준다. 첫째, 어떤 상황 가운데서도 하나님과의 교제가 가장 중요하다는 사실이다. 하나님을 섬기는 풀타임 사역자도 개인적인 하나님과의 교제 시간이 있어야 한다. 많은 경우 사역자는 예배를 인도하고, 회중 기도를 인도하며, 예배 때 찬양하는 것, 소그룹 모임에서 기도하는 것을 기도 생활하는 것으로 착각할 수 있다. 이런 사역자는 결국 번 아웃 증후군(Burn-out Syndrome)에 쉽게 빠지게 된다. 하나님과의 깊은 교제에서 오는 기쁨과 사랑의 공급이 없기 때문이다. 둘째, 무엇을 하든지 기도를 통해 하나님의 뜻을 구하는 태도를 우리에게 가르치신다. 복음서에 묘사된 예수님의 기도 생활을 살펴보면 예수님은 세례를 받으실 때(눅 3:21), 열두 제자를 택하시기 전(눅 6:12), 성만찬 예식을 제정하시던 날 밤(요 17장), 겟세마네 동산에서(막 14:32-39), 십자가 위에서(눅 23:34) 그리고 부활 후(눅 24:30)에 기도하셨다. 무엇을 하든 하나님의 뜻을 구한 예수님의 모본이다. 소그룹 지도자는 이처럼 항상 하나님과의 교제에 힘쓰며, 무엇을 하기 전에 하나님의 뜻을 구하는 꾸준한 기도의 삶이 일상이 되어야 한다.

소그룹 지도자는 기도를 통해 자신의 영적 상태를 매일 점검해야 한다. 훈련생들의 영적인 상태를 파악하고 돕는 것보다 중요한 것은 먼저 자신의 영적 상태를 파악하고 성찰하는 것이다. 김유수 목사는 저서 《갓 양육, 굿 양육》에서 양육자로서 자기 점검을 하기 위한 질문 10가지를 다음과 같이 뽑았다.[7]

① 나는 항상 주님 안에 거하고 있는가?
② 건강한 마음과 영성을 가지고 있는가?
③ 기도의 능력을 믿는가?
④ 매일 말씀 묵상에 바른 태도를 가지고 있는가?
⑤ 성령으로 충만한가?
⑥ 영과 진리로 예배하고 있는가?
⑦ 영혼에 대한 뜨거운 마음이 있는가?
⑧ 지금 하고 있는 사역에 보람과 기쁨이 있는가?
⑨ 나의 사역이 교회의 목표와 비전에 일치하는가?
⑩ 모든 삶에 절도와 질서가 있는가?

소그룹 인도자는 양육자로서 위와 같은 질문을 자신에게 매일 던지며 철저히 하나님만을 의지하고 하나님의 도우심을 구하는 자가 되어야 한다. 그래야 모든 모임에서 하나님만이 드러나실 것이며 하나님께서 하셨다고 고백하게 될 것이다.

마지막으로 소그룹 인도자는 겸손해야 한다. 훌륭한 인도자는 자신이 모

---

7 김유수, 《갓 양육, 굿 양육》(2016, 예수전도단), pp. 135-136.

르는 것이 무엇이며, 어떤 능력을 더 갖추기 위해 노력해야 하는지 잘 안다. 그리고 노력한다. 이를 위해 갖추어야 할 태도가 바로 겸손이다.[8] 겸손하지 않으면 모임 준비를 위해 배운 지식을 자랑하고 또 자신의 능력을 드러내는 데 그 지식을 사용하게 되어 결국 하나님의 영광을 가리게 된다. 인도자가 드러내야 할 것은 하나님의 긍휼과 지혜와 지식, 예수 그리스도의 겸손과 사랑, 성령의 능력임을 잊지 말아야 한다.

---

8 이영훈, 《소그룹 리더 학교》(2013, ICG), p. 57.

02
소그룹 인도 순서와 방법

일대일 만남

소그룹을 효과적으로 인도하기 위해서는 먼저 구성원과의 일대일 만남을 통해 한 사람, 한 사람의 신앙 수준과 영적인 상태를 파악해야 한다. 또한 구성원에게 소그룹 모임에서 진행하는 내용과 훈련 강도 등에 대한 큰 그림을 미리 그려줄 수 있어야 한다. 때문에 일대일 만남은 양육과 훈련 모임 전에 하는 것이 좋다. 지원서[9]를 활용하면 좀 더 효과적으로 일대일 만남을 진행할 수 있다.

올리브선교회 삶의 영성 제자훈련학교는 한 기수에 최소 3명에서 최대

---

9 올리브선교회 삶의 영성 제자훈련학교 지원서(첨부1), 서약서(첨부2), 동의서(첨부3) 참조.

12명까지 모집을 하고 있다. 지원자들에게 지원서와 서약서, 그리고 소속 교회 담당 목사의 동의를 받아 그들을 효과적으로 돕기 위한 준비를 한다. 사전에 서약서를 받는 이유는 하나님께 약속한 모임에 대한 의무와 책임을 강조하기 위해서다. 훈련생이 출석하는 교회의 담당 목사 동의서는 훈련생이 삶의 영성 제자훈련을 받기에 적합한 대상인지 아닌지를 판단하는 데 큰 도움이 된다. 훈련생의 목양자로서 누구보다 그를 잘 이해하고 있기 때문이다. 또한 주님의 제자를 세워가는 일은 지역교회와 함께 협력해야 가능한 일이기 때문에 담당 목사의 동의서를 받고 있다.

물론 경우에 따라 소그룹 모임을 진행하기 전에 인도자가 구성원에 대한 정보를 충분히 얻지 못할 수도 있다.

나는 2016년과 2018년 봄 대구 동신교회 청년부에서 13주 동안 직장인을 위한 토요 양육 기초반을 섬겼다. 당시 담당 목사가 아닌 협력 선교사로서 섬기게 된 상황이라 나에게는 양육 대상자 12명에 대한 영적 배경과 상태에 대한 구체적인 정보가 없었다. 첫 번째 모임 때까지 알 수 있었던 것은 훈련생의 나이와 성별 그리고 양육 기초반에 들어오기 위한 조건에 관한 것이 전부였다. 이들을 더욱 효과적으로 섬기기 위해서는 영적 배경과 신앙에 대해 더 알아야만 했다. 훈련이 토요일 오전 7시에 시작해 8시 30분에 마치는 일정이었기 때문에 모임 시간 이후에 일대일로 만나는 수밖에 없었다. 모임 이후 2-3시간 정도 순차적으로 만날 것을 제안했고 모두 동의해 주었다.

일대일 만남을 하면서 느낀 점은 청년들 마음속에 하고 싶은 이야기들이 정말 많다는 것이었다. 대부분의 시간을 그들의 이야기를 듣는 데 할애했다. 그 만남 이후부터는 그들을 위해 더 큰 사랑으로 기도할 수 있었다. 소그룹 모임의 분위기가 한결 부드러워지고 은혜가 넘치게 된 것은 말할 것도 없다. 나는 이때 소그룹 모임을 위한 일대일 만남의 중요성을 절실히 깨달았다. 만남뿐 아니라 일주일에 한 번씩 전화로도 안부를 묻고 훈련 과정에 대한 피드백도 받았다. 때로는 따끔한 질책이 필요한 지체들이 있어, 그들에게 개인적으로 연락해 어떻게 해야 더 나은 주님의 제자로 변화될 수 있을지 권면해주었다. 그 결과 한 명의 낙오자도 없이 모두 모임을 수료했다. 양육 기초반 소그룹 모임을 마치면서 한 가지 아쉬웠던 점이 바로 '일대일 만남을 모임 전에 했으면 얼마나 좋았을까?' 하는 것이었다. 그래서 나는 삶의 영성 제자훈련학교를 위한 사전 심방을 개강 예배 2-3주 전부터 시작한다.

옥한흠 목사는 "훈련 대상자를 심방하는 일은 개강 예배를 드리기 두 주 전쯤 하는 것이 바람직하다."고 말했다.[10] 소그룹 모임을 위한 일대일 만남에는 많은 유익이 있으므로 인도자는 될 수 있으면 개강 예배 전에 모든 지체를 개별 심방할 수 있는 시간을 만들어야 한다. 그 심방이 바로 소그룹 모임의 시작일 것이다.

일대일 만남 또는 소그룹 모임 전에 인도자가 꼭 해야 하는 일이 있다. 구성원의 기도제목을 받아 공동기도제목과 함께 구성원이 모두 모인 곳에 공지해야 한다. 그리고 첫 모임 때 그 기도 리스트를 출력해 함께 공유해야 한다. 이는 매일 서로를 위해 기도함으로 그리스도 안에서 연대감과 친밀감을 더하기 위함이다. 또한 기도를 통해 모든 문제를 하나님 손에 맡기고 그

---

10 옥한흠, 《평신도를 깨운다》(2009, DMI), p. 267.

분이 돌보신다는 것을 경험하면서 신뢰하면 탈진을 피할 수 있을 뿐 아니라 성령 충만을 구함으로 함께 모이는 시간이 더욱 충만해질 것이다.[11]

역동적인 소그룹 지도자

이번 장의 첫 번째 파트에서 다룬 '소그룹의 조건'(건전한 동기, 꾸준한 기도 생활, 겸손한 태도로 일대일 만남 진행)을 갖춘 지도자라도 역동적으로 모임을 이끌어가기는 쉽지 않다. 어떻게 하면 소그룹 모임을 역동적으로 이끌 수 있을까? 조엘 코미스키는 역동적인 소그룹 지도자의 다섯 가지 특징을 다음과 같이 말한다.[12]

① 그룹의 구성원들을 사랑하고 아끼며 그들에게 한결 같은 관심을 보이지만, 잘못을 그냥 보아 넘기지는 않는다.

② 토론을 자연스럽게 이끌 줄 알지만, 주제에서 벗어나지 않는다.

③ 다른 사람의 이야기를 경청하지만, 한 사람이 대화를 주도하도록 놔두지 않는다.

④ 결속력이 강한 공동체 모임을 만들지만, 그들이 불신자들에게 다가가는 것을 막지 않는다.

⑤ 모임의 정체성을 세우는 데 많은 노력을 기울이지만, 그들이 새로운 소그룹을 만들어 번식하는 것을 막지 않는다.

---

11 빌 도나휴, 송영선, 김주성 역, 삶을 변화시키는 소그룹 인도법》(2004, DMI), p. 16.
12 조엘 코미스키, 《사람들이 몰려오는 소그룹 인도법》(2010, NCD), p. 22.

소그룹 지도자는 위의 다섯 가지 특징을 갖추도록 노력해야 한다. 또한 소그룹 모임을 위한 준비와 계획에 세심한 신경을 쏟는다면 보다 효과적이고 성공적인 운영을 할 수 있을 것이며 다음과 같은 세 가지 유익을 얻을 수 있다.[13]

① 리더에게 방향 감각과 리더십이 있다는 사실을 구성원들에게 전달할 수 있다.
② 리더의 전반적인 리더십에 대해 그룹이 신뢰하게 된다.
③ 모임에서 다룰 주제를 미리 선택할 수 있기 때문에 (필요하다면) 커리큘럼을 수정할 수 있다.

소그룹 운영 및 인도법

이제 2016년과 2018년에 진행한 대구 동신교회 청년부(아포슬) '토요 직장인 양육 기초반' 운영과 올리브 선교회 '삶의 영성 제자훈련학교' 운영 방법을 중심으로 소그룹 운영 방법과 원리를 살펴보고자 한다.

1. 모임 준비

1) 성령 충만을 위한 기도
소그룹 인도자는 최소 30분-1시간 전에 모임 장소에 도착해 기도로 준

---

13 빌 도나휴, 송영선, 김주성 역, 《삶을 변화시키는 소그룹 인도법》(2004, DMI), p. 125.

비한다. 특히 성령 충만을 위해 간절히 기도해야 한다. 모임을 아무리 철저히 준비했다 하더라도 모임 중에는 예상하지 못했던 일들이 일어날 수 있기 때문이다.[14] 성령 충만한 인도자는 예상치 못했던 일이 발생하더라도 성령의 인도하심을 믿고 의지하여 순종하면 하나님이 예비하신 길로 구성원들을 인도할 수 있다. 그러므로 인도자는 소그룹 모임이 1시간 동안 진행된다면 모임에 소요되는 시간을 1시간 30분-2시간이라고 생각하고 일정을 계획해야 한다.

2) 다과 준비

소그룹 모임에 간단한 다과를 준비하면 좋다. 청년부 모임일 경우 간단한 다과 구매 비용은 각자 회비를 걸어 사용하되 부담스럽지 않고 누구나 참여할 수 있도록 1만 원 선을 넘지 않는 것이 좋다. 가정에서 진행할 경우 식사나 다과 준비에 엄격한 규칙을 세워 적용해야 한다. 먹고 마시는 일로 주객이 전도되는 상황이 생겨서는 안 되기 때문이다.[15] 따라서 인도자는 소그룹 모임 회비와 다과 준비를 할 때 구성원의 경제 사정을 잘 고려하여 실족하지 않는 범위 내에서 해결되도록 규칙을 잘 세워줘야 한다.

나의 경우 13주간 진행한 소그룹에서 매주 1명씩 돌아가면서 1만 원 이내의 다과를 준비해오도록 했다. 구성원이 모두 직장인이었기 때문에 회비 1만 원이 큰 부담이 되지 않았다. 훈련생들이 준비한 다과는 직접 만든 샌드위치, 쿠키와 음료수, 커피믹스와 티백, 바나나 등 다양했다. 이렇게 다과

---

14 조엘 코미스키, 《사람들이 몰려오는 소그룹 인도법》(2010, NCD), p. 24.
15 옥한흠, 《평신도를 깨운다》(2009, DMI), p. 272.

를 준비하게 한 이유는 이웃을 사랑하고 섬길 때의 기쁨을 가르쳐주기 위해서다. 첫 주는 인도자인 내가 섬기고 나머지 12주는 훈련생이 돌아가면서 섬겼다. 다과를 준비한 지체와 함께 먼저 모임 장소에 도착해 모임을 위해 기도하고 교제한 시간도 역동적인 소그룹을 만들어가는 데 많은 도움이 되었다.

3)환영 인사

소그룹 모임 시작 전에 인도자는 구성원들이 도착할 때마다 한 명 한 명 반갑게 맞아주고 환영해주어야 한다. 미리 와서 반겨주고 안아주고 격려해주면 모임의 분위기가 훨씬 부드럽고 따뜻해진다. 그리고 구성원들은 그런 인도자를 보며 자연스럽게 섬김을 배운다.

나는 양육 기초반을 맡을 때마다 1시간 전에 도착해서 먼저 30분 동안 성령 충만을 위해 기도했다. 그리고 먼저 온 지체들에게 따뜻한 차나 커피를 내주며 근황을 묻고 대화를 했다. 매주 이렇게 하다 보니 양육 기초반 지체 중 궁금한 것이 있거나 이야기하고 싶은 훈련생들은 모임 시간보다 20-30분 먼저 오기도 했다. 인도자가 정시에 맞춰온다면, 훈련생들은 인도자에 대해 어떤 생각을 가질까? 교육이라면 그럴 수 있다. 그러나 소그룹 모임이 훈련이라면 시작부터 뭔가 달라야 한다. 그렇지 않으면 구성원들은 모임을 통해 인격적인 교제를 나누고 훈련을 받는다는 생각을 하기 어렵다. 하나의 교육을 받는다는 생각이 들 것이다. 또한 자칫 인도자가 바쁘다는 인상을 심어줄 수 있어 대화를 열어가는 데 장애가 될 수 있다. 소그룹 모임이 훈련의 특징을 가지고 있다면 모임 준비부터 환영 인사까지 섬기는 것도 인도자의 중요한 역할임을 잊지 말아야 한다.

2. 모임 시작 시각

인도자는 시작 시간과 마치는 시간이 일정하도록 신경을 많이 써야 한다. 시간 약속도 훈련에 있어 중요한 과정이다. 가뜩이나 바쁜 현대인들에게 교육과 훈련 시간이 일정하지 않다면 훈련에 대한 기대감이 떨어질 수밖에 없다. 만약 모임 시간이 토요일 오전 8시인데 늦게 오는 참석자를 기다리느라 정시에 시작하지 못하고 15분이나 20분이 지나서 시작한다고 하자. 그러면 다른 참석자들에게도 늦어도 괜찮다는 인상을 심어주게 될 것이다. 인도자는 제한된 시간을 지혜롭게 사용하기 위해 모임을 반드시 정시에 시작해야 한다.[16]

그렇다면 모든 구성원이 늦지 않고 정시에 모임을 시작할 수 있는 좋은 방법이 있을까? 가장 좋은 방법은 모임 전 모든 구성원의 동의 아래 벌금 제도와 수료 조건 등에 대한 서약서를 작성해 책임감을 갖도록 하는 것이다. 예를 들어 사랑의교회 제자훈련 소그룹 모임의 경우 지각이나 결석을 하면 벌금을 내도록 하고 3회 이상 결석하면 자동 탈락한다.[17] 대구 동신교회 청년부 양육 기초반에서는 지각할 때마다 벌금을 내고 결석 시에는 벌금과 함께 보강을 받아야 수료가 가능하다. 결석은 3회 이상일 경우 자동 탈락으로 간주한다. 내가 이끌었던 토요 직장인 양육반 모임에서는 지각 1분당 천 원, 최대 2만 원의 벌금을 내야 했다. 결석할 경우 1만 원의 벌금과 보강 수업을 듣기로 모두 동의했다. 직장인 청년들에게 토요일 오전 7시는 정말 쉬고 싶은 시간이다. 그런데도 양육 훈련을 받고자 소그룹 모임에 자원해서 그런지 지각이나 결석자는 거의 없었다.

---

16 조엘 코미스키, 《사람들이 몰려오는 소그룹 인도법》(2010, NCD), p. 192.
17 옥한흠, 《평신도를 깨운다》(2009, DMI), p. 272.

삶의 영성 제자훈련학교에서도 똑같은 벌금 제도와 수료 조건을 통해 훈련생들이 모임 시간에 늦지 않도록 하고 있다.

3. 찬양 및 시작기도

정시가 되면 찬양으로 시작한다. 찬양을 하면 하나님을 기대하는 마음으로 모임에 집중할 수 있다. 찬양은 그날 나눌 주제와 관련된 것으로 찾아서 한 주전부터 기도하며 준비해야 한다. 찬양 인도는 인도자가 직접 하는 것보다 훈련생 중에 은사가 있는 지체를 세우는 것이 좋다. 그리고 찬양을 마치면 정해진 순서대로 훈련생 중 한 명이 대표로 모임을 위한 시작 기도를 한다. 다과 준비와 같이 시작 기도 또한 모든 훈련생이 돌아가면서 준비하면 소그룹 모임이 역동적으로 흘러간다. 소그룹 인도자는 한 사람의 가르침으로 시작하고 끝마치는 일방적인 방식을 지양해야 한다. 함께 배우고 참여하는 역동적인 모임이 소그룹임을 잊지 말아야 한다.

4. 과제 점검 및 교재 나눔

1) 과제 점검

과제 점검은 체크 리스트를 활용하면 인도자와 훈련생 모두에게 많은 도움이 된다. 훈련생의 체크 리스트를 보면 신앙생활의 변화를 볼 수 있고 소그룹 모임 준비 여부를 쉽게 확인할 수 있기 때문이다. 대구 동신교회 청년(아포슬) 토요 양육 기초반은 체크 리스트[18]를 통하여 과제 점검을 한다.

체크 리스트에는 말씀 암송, 성경 읽기, 새벽예배 1번 이상 참석, 금요

---

18 첨부4 참조.

예배, 기도, 복음 전도 등의 여부를 매주 기록해야 한다. 훈련 과정을 수료하기 위해서는 체크 리스트 각 항목을 60% 이상 성취해야 한다. 인도자는 60%에 미달할 것으로 예상된 지체들이 있으면 메모해 두었다가 개별적으로 연락해서 동기부여가 되는 권면과 격려의 말을 해서 낙오되지 않도록 도와주어야 한다. 체크 리스트를 확인하고 나면 암송 구절을 개인적으로 그리고 그룹별로 암송하게 한다. 말씀 암송은 6주차가 되었을 때 6주 동안 암송한 구절을 적게 해서 테스트를 하고 마지막 주에는 전체 암송 구절을 테스트한다.

2) 나눔 주의 사항

인도자는 나눔을 시작할 때 소그룹 모임에서 나눈 개인의 삶에 관한 이야기들은 당사자의 허락 없이 다른 곳에서 나누지 않는다는 원칙을 훈련생들에게 주지시켜야 한다. 훈련생들 사이에서 개인의 사생활이 존중되어야 각자 마음에 있는 말을 나눌 수 있다. 만일 소그룹 모임에서 개인의 사생활과 관련된 나눔을 허락 없이 타인에게 말하게 되면 훈련생이 곤란에 빠지거나 불편함을 겪을 수 있다. 그리고 그 이후부터는 적극적인 나눔이 어려워질 수 있으므로 주의해야 한다.

3) 교재의 흐름을 파악

어떤 교재를 사용하는 것이 좋을까? 각 교회와 선교단체의 필요와 목적에 부합한 교재를 사용하면 된다. 중요한 것은, 어떤 교재든 소그룹 모임 인도자가 선택한 교재의 내용을 충실하게 숙지하는 것이다. 교재의 내용을 완전히 숙지한다는 의미는 그날 나눌 주제와 질문이 '닫힌 질문'인지 '열린 질문'인지 등을 파악하고 주어진 시간 내에 가장 효율적으로 모임을 이끌어 나갈 계획을 세울 수 있다는 것을 의미한다.

대부분의 양육 훈련 교재의 질문은 '닫힌 질문'과 '열린 질문'으로 구성된다. '닫힌 질문'은 단답형의 대답을 끌어내는 질문을 말하며, '열린 질문'이란 다양한 나눔을 목적으로 한다.[19] 닫힌 질문에는 '관찰 질문'과 '해석 질문'이 있는데, 이는 성경의 본문을 이해하거나 의미를 정의하는 데 도움을 준다. 그러나 닫힌 질문에는 훈련생들의 마음 깊은 곳을 들여다볼 수 없다는 한계가 있다.[20] 반대로 '열린 질문'은 개인의 느낌과 경험 그리고 적용과 관련되어 있기 때문에 모임 참석자들의 느낌과 경험 그리고 결단을 이끌어내며 서로 다른 생각을 배울 수 있다. 2018년 토요 양육 기초반에서 교재로 사용했었던 《101 겨자씨 양육》의 Chapter. 2 '우상을 만들지 말라'에 나온 질문들[21]을 통해 구체적인 예를 들면 다음과 같다.

- 닫힌 질문: "우상을 섬겨서 안 되는 이유를 시편 115편 3-8절은 무엇이라고 말하고 있나요?"
- 열린 질문: "21세기 사람들은 무엇을 우상으로 섬기고 살아가는 것 같나요? 서로 각자의 의견을 나눠주세요."
- 관찰 질문: "출애굽기 20장 4절에서는 우상을 만들지 말라고 하시는데 그 이유를 출애굽기 20장 5절에서 말씀하고 있습니다. 그 이유를 무엇이라고 하나요?"

---

19 조엘 코미스키, 《사람들이 몰려오는 소그룹 인도법》(2010, NCD), pp. 91–92.
20 같은 책, pp. 93–95.
21 김영한, 《101 겨자씨 양육》(2018, 목양), pp. 18–24, 질문 3, 질문 7, 질문 4, 질문 2, 질문 13.

- 해석 질문: "이스라엘 백성들은 모세가 시내산에서 십계명을 받을 때 산 아래서 수송아지 형상을 만들었습니다. 왜 그들은 그런 수송아지를 만들었을까요?"
- 적용 질문: "이스라엘 백성은 성공의 우상 바알과 쾌락의 여신 아세라에 빠졌습니다. 그리고 우상들에서 벗어나지 못했습니다. 이런 우상에게 빠지지 않기 위해서 우리는 어떤 노력 혹은 경건 훈련을 해야 할까요? 영적 도약을 위해 지금 당신에게 필요한 부분은 무엇인가요? 어떻게 노력해야 할까요?"

인도자는 관찰과 해석을 이끄는 유형의 닫힌 질문에는 한 사람 정도 답하게 하여 훈련생들이 정보를 이해하는 데 초점을 맞추어 긴 시간을 할애하지 않도록 한다. 인도자가 모든 소그룹 구성원에게 '닫힌 질문'에 대한 답을 듣기 원한다면 모든 참여자는 똑같은 답만 되풀이하게 될 것이다. 이것은 시간 낭비며 모임의 분위기를 경직되게 할 뿐이다. 그래서 인도자는 질문의 유형을 미리 파악하고 열린 질문과 적용 질문을 통해 모든 구성원이 자발적으로 자신의 느낌과 경험, 생각 등을 나누는 데 많은 시간을 할애할 수 있도록 해야 한다.

4) 의사소통

소그룹 인도자는 의사소통 기술을 잘 습득해야 한다. 표준국어대사전은 의사소통을 "가지고 있는 생각이나 뜻이 서로 통함"이라고 정의한다. 뜻이 서로 통하기 위해서는 먼저 경청하는 기술을 익혀야 한다. 듣기만 하는 것은 경청이 아니다. 경청은 생기 있고 활기차고, 성실하게 듣는 자세를 말한다.[22] 적극적인 경청을 위해서는 구성원들의 의견을 구하고, 사람들의 감정

---

[22] 조엘 코미스키, 《사람들이 몰려오는 소그룹 인도법》(2010, NCD), p. 109.

에 공감하며 그들이 한 말을 명료화시키는 것이 중요하다.[23] 조엘 코미스키는 소그룹 모임에서 경청의 중요성에 대해 다음과 같이 이야기한다.

> **훌륭한 소그룹 리더들은**, 모든 사람들이 누군가 들어주었으면 하는 이야기를 한 가지 이상 가지고 있다는 사실을 잘 알고 있기 때문에 다른 사람들의 이야기를 경청하는 것을 중요하게 생각합니다. 하나님께서는 내 이야기를 먼저 하기보다는 남의 이야기를 들어보라고 우리에게 두 개의 귀와 하나의 입을 주셨습니다. 소그룹 모임은 남의 이야기를 들을 수 있는 환경을 완벽하게 갖추고 있어야 합니다.[24]

그러므로 인도자는 적극적으로 경청하는 태도를 견지할 수 있도록 노력해야 한다. 또한 경청에 방해되는 요소들도 파악하여 배워야 한다. 경청의 방해물은 이미 모든 것을 알고 있다고 가정하는 태도와 성급함이다.[25] 이런 태도를 보이면 말하는 사람에게 집중하지 못하게 되며, 결국 불쾌감을 주어 모임의 분위기를 흐릴 수 있다.

성경도 이런 상황을 주의해야 한다고 말한다.

> 사연을 듣기 전에 대답하는 자는 미련하여 욕을 당하느니라 _잠 18:13

> 네가 말이 조급한 사람을 보느냐 그보다 미련한 자에게 오히려 희망이 있느니라 _잠 29:20

---

23 빌 도나휴, 송영선, 김주성 역, 《삶을 변화시키는 소그룹 인도법》(2004, DMI), p. 160.
24 조엘 코미스키, 《사람들이 몰려오는 소그룹 인도법》(2010, NCD), p. 105.
25 이영훈, 《소그룹 리더 학교》(2013, ICG), pp. 71-72.

소그룹 인도자는 경청뿐만 아니라 격려하는 말도 잘해야 한다. 말에는 영향력이 있다. 선한 격려의 말과 때에 맞는 말은 소그룹을 역동적으로 이끌어가게 한다.

죽고 사는 것이 혀의 힘에 달렸나니 혀를 쓰기 좋아하는 자는 혀의 열매를 먹으리라 _잠 18:21

선한 말은 꿀송이 같아서 마음에 달고 뼈에 양약이 되느니라 _잠 16:24

사람은 그 입의 대답으로 말미암아 기쁨을 얻나니 때에 맞는 말이 얼마나 아름다운고 _잠 15:23

다음으로 소그룹 인도자는 소그룹 모임 중에 발생하는 '침묵'을 두려워하지 말아야 한다. 침묵이 일어나는 원인은 크게 두 가지로 해석해 볼 수 있다. 먼저는 침묵은 훈련생에게 생각할 시간이 필요하다는 신호다. 겉으로 보면 침묵이 있는 동안 아무 일도 일어나지 않는 것처럼 보이지만, 하나님께서는 이때에도 역사하고 계심을 믿고 기다려야 한다.[26] 침묵의 또 다른 원인은 훈련생들이 질문의 의미를 잘 이해하지 못하고 있을 때다. 이때는 질문을 보다 알기 쉬운 말로 다시 풀어주거나, 정확한 의미가 전달되도록 쉽게 설명해주어야 한다.[27]

마지막으로 소그룹 인도자는 모든 사람이 골고루 답변하도록 모임을 운

---

26 조엘 코미스키, 《사람들이 몰려오는 소그룹 인도법》(2010, NCD), p. 118.
27 이영훈, 《소그룹 리더 학교》(2013, ICG), p. 66.

영해야 한다.[28] 한 사람이 지나치게 말을 많이 하는 경우 그룹의 생명력이 약화될 수 있다. 그러므로 인도자는 기본 방침을 정해야 한다. 이는 모두가 온전하게 성장하기 위한 배려다. 모임 내에는 의사소통에 적극적인 사람, 소극적인 사람, 자기주장이 강한 사람 등 다양한 구성원이 있다. 인도자는 말이 지나치게 많은 사람이나 적극적인 지체에게는 그들의 나눔에 대해 고마움을 표현하면서 다른 사람들의 이야기도 듣기 원한다는 이야기를 자연스럽게 해야 한다. 그리고 모임 후에 잊지 않고 모두 듣는 가운데 그들의 이야기를 더 듣고 싶다고 말하면 그들의 마음도 불편하지 않을 것이다.[29] 반면에 소극적인 지체에게는 격려의 말로 자기 의견을 표현할 수 있도록 도와주어야 한다.

5. 마침

소그룹은 시작 시간뿐 아니라 마치는 시간도 잘 지켜야 한다. 만약 모임이 너무 늦게 끝나면 훈련생들은 다음에도 모임에 참석해야 할지 심각하게 고민할 수도 있다. 그리고 모임 이후 시간을 관리하기도 힘들어지게 되어 모임에 대한 기대감과 기쁨보다는 불편한 마음이 더 커질 수 있다. 그러므로 인도자는 정해진 시간에 맞춰 모임을 끝내는 것도 훈련임을 명심해야 한다.

마치기 전에는 항상 그날 배운 내용을 바탕으로 어떻게 하면 삶에 적용할 수 있을지에 대해 지혜를 모으고 구체적인 실천 방안에 대해서도 나눠

---

28 빌 도나휴, 송영선, 김주성 역, 《삶을 변화시키는 소그룹 인도법》, (2004, DMI), p. 187.
29 같은 책, p.189.

야 한다. 소그룹 나눔의 목적은 배움을 삶으로 잇는 것이기 때문이다.[30] 나눔을 마치기 전에는 반드시 회개하며 결단하는 기도 시간을 가져야 한다. 회개하며 결단하는 시간은 삶의 적용으로 나아가는 첫걸음이다. 기도를 마치면 인도자는 "주기도문으로 오늘 모임을 마치겠습니다"라는 말로 다 같이 주기도문을 고백하며 모임을 마치면 된다.

6. 모임 후 자유로운 교제

모임 후 자유롭게 교제할 수 있는 분위기를 만들어주면 좋다. 청년들의 경우 주중에는 바빠서 서로 얼굴 보며 교제할 수 있는 시간이 거의 없다. 그래서 토요 직장인 반 지체들에게 자유롭게 교제할 수 있는 분위기를 조성해 주었다. 항상 모임을 마친 후 30분 정도는 질문이 있거나 교제하고 싶은 지체들의 이야기를 근처 카페에서 커피를 마시며 들어주었다. 시간이 지날수록 서로가 더 가까워져 나중에는 식사도 함께 하며 더 깊은 교제의 시간을 갖게 되어, 훈련생들을 이해하는 데 큰 도움이 되었다.

7. 주중 안부 전화 및 영적 상태 점검

역동적인 소그룹 모임을 위한 효과적인 방법 중 하나는 주중에 전화를 해서 일상에서 영적 상태를 점검하는 것이다. 적어도 일주일에 한 번은 모든 훈련생에게 전화 심방을 하면 좋다. 전화 심방의 구체적인 내용은 양육과 훈련 과정 가운데 어려움은 없는지, 어려움이 있다면 어떤 어려움이 있는지, 그 어려움의 원인이 무엇이며 어떻게 도와주면 그 문제를 해결할 수 있는지에 대한 것이다. 더 나아가서 다른 훈련생들에게 말하기 힘든 어려움

---

30 이영훈, 《소그룹 리더 학교》(2013, ICG), p. 43.

이 있는지도 점검하여 소그룹 모임에 잘 적응할 수 있도록 격려하고 기도로 응원해주면 훈련생들은 큰 힘을 얻는다.

내 경험으로는 모임을 포기하고 싶은 마음이 있었던 지체들이 전화 심방을 통해 용기를 내었고 마지막까지 함께하고 싶어 했다. 그리고 전화 받은 모든 훈련생이 고마워했고 기뻐했다.

8. 보강

결석했다면 반드시 보강을 받아야 한다. 보강을 하는 이유는 한 영혼을 주님의 온전한 제자로 세우기 위해서이다. 사실 인도자에게는 매우 피곤한 일이다. 똑같은 내용을 반복해야 하고, 개인적인 시간을 더 할애해야 하기 때문이다. 만약 12명의 지체가 훈련 기간 각각 1번씩만 결석해도 보강만 12번을 해야 한다. 내가 맡은 토요 직장인 반은 주중 보강이 가능한 시간대가 모두 늦은 저녁이어서 더욱 힘들었다. 보강은 양육자에게는 피곤한 일일 수 있지만 훈련생에게는 섬김과 존중을 받는 귀한 시간이 될 수 있다. 아이러니하게도 섬겼던 소그룹 모임에서 보강을 열심히 한다는 소문이 돌아 일부러 결석하겠다는 훈련생도 있었다. 일대일로 인도자를 만나 궁금한 것도 물어보고 나누고 싶은 게 많아 결석하고 싶다는 것이다. 그래서 결국 열심히 하는 지체들을 위해서도 개인적으로 만나서 도와주고 섬겨주었다. 그러는 동안 몸은 피곤했지만 정말 기뻤다. 하나님께서 맡겨주신 영혼이 성장하고 성숙해 가는 과정을 볼 수 있는 것은 하나님께서 양육자에게 주신 큰 기쁨이다. 보강을 통해 예수님의 마음과 섬김의 기쁨을 배울 수 있기에 보강은 어쩌면 양육자에게 더 좋은 시간이라고도 말할 수 있다.

9. 양육 기초반 '생활과제'와 삶의 영성 제자훈련학교 '자기 성찰 페이퍼'

양육 기초반에서는 훈련 기간에 생활과제를 해야 한다. 생활과제를[31] 통해 삶의 영성을 배우기 위해서이다. 인도자는 생활과제와 체크 리스트를 통해 훈련생의 삶이 어떤지를 확인할 수 있다. 훈련생의 부족한 부분들을 격려하고 도울 수 있는 좋은 방법이다.

올리브 선교회 삶의 영성 제자훈련학교에서는 훈련생의 영적 성장을 돕기 위해 자기 성찰 페이퍼를 내도록 하고 있다. 매주 배운 내용을 근거로 자기 성찰 페이퍼를 다음 수업 전날까지 제출하면 인도자는 그 페이퍼를 근거로 훈련생에게 영적인 원리들을 가르쳐주고 도와주며 기도해준다. 훈련생이 자기 성찰 페이퍼를 쓰면 소그룹 모임에서 나눈 내용을 스스로 정리할 수 있어 좋고, 자기 성찰을 할 수 있어 영적 성숙과 성장에 많은 도움이 된다. 이 페이지를 넘기면 삶의 영성 제자훈련학교를 수료한 지체의 자기 성찰 페이퍼를 엿볼 수 있다.

---

31 첨부5.

복음 학교 (9) 강의

— 11회차(19. 05. 18.) 안○○

이번 장은 너무 집중이 잘 되었다.

사랑하는 성령님, 말씀하시는 성령님, 내 마음 알아주시는 성령님께 너무나도 감사하다. 나는 그동안 성령님에 대해 잘 안다고 자부했지만 내가 잘못된 생각을 갖고 있었다는 것을 이번 훈련을 통해 알게 되어 교정 받을 수 있었다.

그동안 믿는 사람들을 볼 때 교만하게도 '처음 예수를 믿을 때 이 정도 경험은 해봐야 했지 않나?' '주의 종이라면, 기도를 열심히 했다면, 이 정도 영적인 센스는 가져야 하지 않나?' 하는 생각을 하곤 했다. 하지만 가장 큰 성령의 능력은 예수 그리스도가 나의 구주이심을 고백하는 것임을 알게 되었다.

성령님께서 내 안에 내주하신다는 것을 깨닫는 것도 실은 조금 시간이 걸렸던 것 같다. 이해가 잘 안 되었다. 내 몸이 성전이며 성령께서 내 안에 계시는데 나는 예수님을 처음 만났을 때 영적인 공격이 너무나도 심했기 때문이다. '내 안에 계시는데 나를 이렇게까지 공격할 수 있을까, 성령님께서 왜 나를 보호해주시지 않을까?' 등 많은 고민이 있었다. 지금은 믿음이 더 견고해지고 성령님과 더 강하게 동행하는 연습을 하다 보니 이전 일들이 다 이해되지는 않지만 강하게 보호받고 있다는 확신이 있다.

그동안 나는 치유의 은사를 원했다. 몇 년 전에는 예언의 은사가 받고 싶어서 열심히 구했다. 하지만 하나님께서는 필요할 때 예언의 은사를 통해서가 아니라 언제든지 다양한 루트를 통해서 우리에게 말씀하신다는 것을 깨닫고는 그렇게 구하지 않게 되었다. 하지만 기도를 통해 병이 나은 것을 스스로 경험해서인지 아픈 사람들이 성령의 능력으로 낫길 바라는 마음이 강해, 치유의 은사는 욕심이 났다. 하지만 이것이 순전히 나의 인간적인 욕심이며 이러한 은사를 가진 사람들에게는 중대한 책임이 따른다는 것을 이번 복음 학교를 통해서 알게 되었다.
그래서 이제 어떠한 은사를 바라보는 것이 아니라 하나님을 향한 믿음을 가지고 삶으로 살아내는 은사를 받고 싶다.

이번 장을 공부하면서 "다시는 그 죄를 기억하지 아니하리라"는 말씀이 내 눈에 너무나도 선명하고 빛나게 들어왔다.

"하나님이여 내 속에 정한 마음을 창조하시고 내 안에 정직한 영을 새롭게 하소서 나를 주 앞에서 쫓아내지 마시며 주의 성령을 내게서 거두지 마소서." 아멘.

나는 하나님과 동행하며 평생을 살고 싶다. 그런데 살아내는 것이 쉬운 일이 아니다. 수많은 선택 앞에서 나는 어떤 선택을 해야 할지, 어떤 일을 해야 하나님께서 기뻐하실지, 어떻게 하면 성령의 사람으로 하나님 보시기에 예쁜 사람으로 살 수 있을지 고민이 된다.

이제 내가 이미 하나님께 매인 몸임을 너무 잘 알고 있다. 어떻게 하면 내가 원하는 대로 살 것인가, 이룰 것인가를 고민하기보다 어떻게 하면 하나님 뜻에 맞을까를 고민하는 것이 내 인생에 더 큰 복이라는 것을 알고 있다. 시간적, 경제적으로도 효율적이라는 것은 말할 필요도 없다.

"성령님, 저는 바보입니다. 제게는 지혜가 없습니다. 날마다 저와 동행해주시고 말씀해주세요."

올리브 선교회에서는 이렇게 훈련생들이 쓴 자기 성찰 페이퍼를 통해 훈련생의 영적인 상태를 파악한다. 그리고 인도자는 훈련생을 예수님을 닮은 온전한 제자로 길러내기 위해 페이퍼 피드백 또는 주중에 전화로 피드백을 해준다. 피드백의 주된 내용은 훈련생을 격려하는 것이며 관련 성경 구절들을 적어주는 것이다. 그런데도 자기 성찰 페이퍼를 통해서만 알 수 있는 내면의 변화가 있다. 양육과 훈련을 위한 소그룹 모임에서는 자기 성찰 페이퍼를 써 볼 것을 추천한다. 진실하고 정직하며 성실하게 참여한 지체에게서 내면세계의 많은 변화를 볼 수 있을 것이다.

10. 매우 중요한 오리엔테이션과 마지막 모임

소그룹 운영에 있어 매시간이 너무나 소중하지만, 그중에서도 첫 번째 시간은 특별히 중요하다. 이 시간은 소그룹이 나아갈 방향과 어떤 과제를 해야 하는지를 소개하는 오리엔테이션 시간이다. 무엇보다 구성원들끼리 서로 알아가는 시간이 필요하다. 소그룹을 진행하는 중에 때로 나누기 쉽지 않은 상처에 대해 말해야 할 때도 있다. 인생에서 기뻤던 이야기, 슬펐던 이야기 등 개인적인 이야기를 나누게 되는데, 관계가 형성되지 않은 상태에서는 표면적인 이야기만 하게 된다. 그렇기 때문에 소그룹 첫 시간에는 무엇보다 관계를 형성할 수 있도록 같이 밥을 먹거나 편하게 차를 마시면서 오리엔테이션 시간을 갖는 것이 중요하다.

소그룹 과정을 마친 뒤에 갖는 마지막 시간도 아주 중요하다. 모든 과를 다 마친 뒤에 따로 시간을 가지면 좋다. 그동안 함께 훈련받으며 수고한 것을 격려해주고, 함께한 시간 동안 좋았던 점, 힘겨웠던 점, 아쉬웠던 점 등을 나누는 시간이다. 그리고 놓치지 않아야 할 것은 양육이나 제자훈련 소그룹 다음 과정으로 연결하면 좋을지 함께 검토하고 제시하는 것이다. 양육 기초 과정은 마지막이 아니라 입문 단계이므로 더 깊이고, 성숙해지기 위해서는 다음 단계로 가도록 이끌어줘야 한다.

지금까지 양육과 제자훈련을 위한 소그룹 운영 원리와 방법에 대해 살펴보았다. 소그룹 인도자에게는 건전한 동기, 꾸준한 기도, 생활의 영성과 겸손한 태도가 중요함을 다루었다.

훈련생들의 영성 점검을 위한 체크 리스트, 생활과제 그리고 자기성찰 페이퍼가 중요한 것처럼, 인도자 또한 늘 하나님 앞에서 자기 점검을 하는 것의 중요성을 잊지 말아야 한다.

소그룹 모임은 기도로 시작해서 기도로 마쳐야 한다. 오직 하나님의 은혜로 하나님의 능력을 드러내는 모임이 되어야 하기 때문이다. 성령께 지혜를 구하라! 반드시 가르쳐주실 것이다. 내가 있는 사역의 현장에 가장 적합한 방법이 무엇일지 기도로 준비하고 성령 충만을 구하며 세심한 부분을 놓치지 않으려고 주의를 기울인다면 하나님께서 반드시 소그룹 모임을 통해 선한 열매를 맺게 해주실 것이다.

제 기 삶의 영성 제자훈련학교 지원서

신 앙	구원 확신	있다 없다 모르겠다			확신 근거		
	경건 생활 (1주 기준)	성경(장)		Q T		기 도 (대략 분)	
	전도 (년 기준 몇 명)				성경통독 횟수		
	선교 경험	해외 (횟수/지역)			국내 (횟수/지역)		
	신앙훈련 내용						
	공동체를 섬긴 경험						

성명		소속교회	
가 족 사 항		기도 후원자	1.
주요 관심사/ 취미			2.
본인의 장점			
부족한 점			
VISION			
제자훈련에 대해 기대하는 점 (기도하는 것)			

[나의 간증]

1. 예수님을 믿기 전의 삶에 대해 적어주세요.

2. 예수님을 믿게 된 과정을 적어주세요.

3. 예수님은 믿은 후 삶의 변화에 대해 적어주세요.

모든 내용은 사실과 틀림없습니다.

년　　월　　일

지원자　　　　　　(서명)

삶의 영성 제자훈련학교 서약서

성령 안에서 말씀과 기도생활을 통하여
모든 인간관계에서 '자기중심성'을 내려놓는 삶에 성실하게 함께할 것을
서약합니다.
올리브선교회 제   기 삶의 영성 제자훈련학교의 모든 수업과 훈련에
최우선순위를 두며 성실하게 함께할 것을
서약합니다.

년   월   일

지원자   (서명)

사랑합니다. 축복합니다. 감사합니다.

Olive MINISTRY 올리브 선교회 삶의 영성 제자훈련학교 참여 동의서

제   기 삶의 영성 제자훈련학교 (년 월 일 – 년 월 일)
목요일 오후7시30분 – 오후10시 : 토요일 오전9시 – 오후3시

신청자	
연락처	
현재 출석교회	
교회 소속부서	
교역자 성함	
교역자 연락처	

위에 기록된 대로 신청자는

올리브선교회 '삶의 영성 제자훈련학교' 교육과 훈련을 신청하며

현재 출석교회의 담당 교역자로서 이에 대해 동의합니다.

년   월   일

신 청 자 :　　　　　(인)

담당 교역자 :　　　　　(인)

첨부 4 [32]

양육 기초반 체크 리스트

또래: 이름: 핸드폰:

	1주	2주	3주	4주	5주	6주	7주	8주	9주	10주	11주	12주	13주
복음전도													
성경읽기													
암송													
새벽예배													
금요예배													
기도 (시간)													

전도 – 매주 1인 복음전파 / 성경 – 하루 3장/ 암송 – 매주 1절
청년 아포슬 새벽예배 1번 이상 / 예배 – 금요예배/ 기도 – 최소 하루 30분

32 김영한, 《아포슬》(2017, 목양), p. 230.

첨부 5 [33]

	생활과제
1과	친한 친구에게 말씀 문자 또는 카톡
2과	3명에게 메모 편지와 작은 선물(1천원)
3과	일주일 미디어금식(인터넷, TV 등 모든 미디어)
4과	경건서적 한 권 빌리거나 구입하여 한 권 읽기
5과	부모님이나 가족에게 편지쓰기
6과	인생계획표 제출(5년 주기 80세까지)
7과	태신자와 식사하기
8과	직장 학교 또는 거실에서 성경읽기 (1일 1회 1장 이상)
9과	2명 이상 기도제목 받고 기도하기
10과	담당 목사님께 편지쓰기 (실 소속)
매주 생활과제를 해주시고, 양육기초 모임 전 날 밤 9시까지 단체 카톡방에 생활과제를 하면서 받은 은혜 혹 느낀 점을 올려주세요.	

---

33 김영한, 《아포슬》(2017, 목양), p. 230.

사연을 듣기 전에 대답하는 자는
미련하여 욕을 당하느니라

잠언 18:13

소그룹 중심의 교회를 만들어야 하는 가장 중요한 이유는
성경적이기 때문이다. 예수님도 그의 제자들도
탁월한 소그룹 사역을 했다.
이보다 더 명료한 이유는 없다.

3장

작은 공동체에
건강한 소그룹
세우기 전략

의논이 없으면 경영이 무너지고
지략이 많으면 경영이 성립하느니라

잠언 15:22

01
이제, 다시 소그룹이다

　한국교회는 불과 30-40년 전까지만 해도 '소그룹'이라는 용어보다는 '성경공부 모임' 또는 '구역 모임(속회)'처럼 성격에 따라 '모임'이라는 말을 훨씬 더 많이 사용했다.

　이런 형태의 모임 특히 성경공부 모임은 사람이 많이 모이는 교회가 아니라면 외형상으로는 소그룹의 형태로 이루어질 수밖에 없었을 것이므로 어쩌면 소그룹은 새로운 개념이 아니라 이미 한국교회가 오랫동안 해오고 있었던 것이라고 할 수 있다.

　그러나 언제부터인가 많은 교회의 주축을 이루는 소그룹 모임은 구역 예배로 바뀌었고, 주중에 구역장이라고 칭하는 평신도 리더에 의해 모이는,

인원수가 적은 또 하나의 예배로 인식되기 시작했다. 대부분의 성경공부 모임 역시 인원이 적어서 소그룹이지 그 내용을 들여다보면 일방적인 강의 형태의 성경공부가 주류를 이루었기 때문에 진정한 의미의 소그룹이라고 말하기는 어렵다. 그러므로 소그룹에 대해 논하기 전에 소그룹에 대한 올바른 정의를 내릴 필요가 있다.

다시 생각해볼 소그룹 정의

단순히 모이는 인원수가 적다고 해서 소그룹이라고 말하는 것은 아니다. 옥한흠 목사는 《평신도를 깨운다》에서 소그룹을 "그 자리에 모인 사람들 사이에 인격적인 상호 작용이 일어날 수 있는 교육의 환경"이라고 정의했다.[1] 즉 모이는 숫자가 소그룹을 결정하는 것이 아니라 그 그룹이 가지고 있는 환경이나 성격이 소그룹을 결정하는 중요한 요소가 되는 것이다. 따라서 단지 적은 인원이 모였기 때문이 아니라 사람들 사이의 인격적 상호 작용의 목적을 위해 개인이 실종되지 않는 범위 내에서 적은 수가 모일 수 있어야 소그룹이다. 수적으로는 소그룹인데, 소그룹에서 일어날 수 있는 역동성이나 유익은 다 배제해버리고 마치 대그룹과 같은 방식으로 소그룹을 운영한다면 그것은 진정한 의미의 '소그룹'이라고 말할 수 없다. 그러므로 소그룹을 만드는 것보다 더 중요한 것은 어떻게 하면 건강한 소그룹을 만들 수 있는가 하는 점이다. 소그룹 중심의 건강한 교회를 세우기 위해서 누구보다도 목회자 자신이 소그룹을 잘 이해해야 하고 소그룹에 대한 분명한 철학을

---

1 옥한흠, 《평신도를 깨운다》(1998, DMI), p. 242.

가지고 있어야 한다. 그렇지 않으면 소그룹이 줄 수 있는 유익을 남기지 못한 채 모양만 소그룹으로 남게 될 것이다.

소그룹 사역이 필요한 이유

소그룹 사역의 중요성에 대해 말하기 전에 먼저 '왜 교회가 소그룹 중심의 교회가 되어야 하고, 왜 소그룹 중심의 교회로 세워가야 하는가?'에 대한 질문에 답해야 한다. 즉 이전에 출간된 본서의 시리즈 1, 2권(《미쳐야 미친다》, 《안 미쳐서 미친다》)에서 제자훈련과 양육을 다루면서도 철학의 중요성을 언급했듯이 소그룹을 효과적으로 진행하기 위해서도 먼저 철학을 세워야 한다. 그렇지 않으면 소그룹의 방향이 흔들려 오히려 목회에 큰 어려움을 줄 수도 있다.

1. 성경적인 이유
소그룹 중심의 교회를 만들어야 하는 가장 중요한 이유는 성경적이기 때문이다. 예수님도 그의 제자들도 탁월한 소그룹 사역을 했다. 이보다 더 명료한 이유는 없다.

1) 예수님의 소그룹 사역
예수님은 12명의 제자를 소그룹으로 훈련 시키셨다. 예수님이야말로 탁월한 소그룹 인도자였다. 3년이라는 공생애 기간 동안 예수님은 많은 일을 하셨지만, 그중에서도 가장 많은 시간을 할애하여 집중하셨던 것은 바로

12명의 제자를 훈련하는 일이었다. 왜 12명의 제자를 선택하셨을까? 신학적으로는 구약 시대의 12지파와 견줄 수 있는 것이 신약 시대에 와서는 하나님 백성으로서의 12제자이기 때문이다. 다른 한편으로 12명이라는 숫자는 가장 효과적으로 가르치고 지도할 수 있는 소그룹 환경의 최대치이기도 하다.

이렇게 선발된 12명의 제자는 예수님과 동고동락하며 예수님으로부터 대중이나 무리와는 구별되는 특별한 가르침을 집중적으로 받을 수 있었다. 그렇기 때문에 개인적인 질문과 대답을 통해 더 깊이 있는 양육과 훈련이 이루어질 수 있었다.[2] 이 제자들은 3년 동안 예수님과 공동체 생활을 하며 그분의 가르침을 받을 수 있었으며, 이들은 예수님이 승천하신 이후에 초대교회를 떠받치는 기둥 같은 지도자가 되었다. 예수님을 닮은 작은 예수가 되어 세상을 새롭게 변화시키는 사람들이 된 것이다.

2) 초대교회의 소그룹 사역

초대교회 역시 소그룹 사역을 했다. 오순절 성령강림을 통해 예루살렘 교회가 등장한 이후 수많은 사람이 복음을 듣고 교회로 모였다. 성경은 구원받는 사람의 수가 날마다 더하여졌다고 기록하고 있다(행 2:47). 하루에 수천 명의 신자가 늘었다. 그들은 날마다 성전에 모이기를 힘썼지만 동시에 가정에서 소수의 사람이 모여 성도의 교제를 나누었다(행 2:46). 어쩌면 이것은 자연스러운 결과였다. 당시에 예루살렘에 있던 그리스도인들이 동시에 모일 수 있는 장소는 없었을 것이다. 대부분은 성전 중심의 모임보다는 가정 중심의 모임, 즉 소그룹 형태의 모임이 예루살렘 교회의 일반적인 모

---

2 마 13:9-23.

임의 형태였을 것이다.[3]

성전 중심의 유대교식 모임이 아니라 오히려 가정 단위로 모이는 소그룹 형태의 모임은 지역사회에 복음이 급속도로 퍼져나가는 데 있어서 결정적인 역할을 했다. 초대교회는 마치 세포가 세포분열을 일으키듯이 교회의 소그룹이 생명력을 가지고 퍼져나가면서 역동적인 복음의 확산이 이루어졌다고 할 수 있다.

2. 공동체적인 이유

그동안 한국교회는 얼마나 많은 숫자가 모이는가를 자랑해왔다. 그러나 사람이 많이 모일수록 교회는 영적인 비만에 걸려 건강성을 잃어버릴 위험도 크다. 교회의 가장 중요한 요소인 공동체성이 약화될 우려가 있다. 한 울타리에 함께 모여 있을 뿐이지 서로가 서로를 모르는 그룹이라면 공동체라고 보기 어렵다. 모든 그리스도인은 하나님의 가족으로서 친밀한 구성원이 될 특권을 가지고 있다. 그리고 이것은 그리스도인이 모여 함께 교제를 나눌 때 가능하다.[4]

성경은 교회 공동체를 몸에 비유한다(롬 12:5, 고전 12:27). 세포 없이 우리의 몸이 존재할 수 없듯이 소그룹은 교회의 세포다. 세포가 건강하면 몸이 건강하듯이 교회가 건강하기 위해서는 건강한 소그룹이 세워져야 한다. 그러므로 건강한 소그룹을 세우는 일은 건강한 교회를 세우는 데 있어서 무엇보다 중요하다고 할 수 있다.

제자훈련 목회가 단지 훈련으로 끝나지 않고 건강한 교회로서의 열매를

---

3 옥한흠, 《평신도를 깨운다》(1998, DMI), p. 242.
4 편집부, 《일대일양육성경공부》(1998, 두란노), p. 113.

지속적으로 맺어가려면 반드시 건강한 소그룹을 통해야 한다. 그런 면에서 소그룹은 양육과 제자훈련의 건강성을 판단할 수 있는 중요한 시금석이라고 해도 과언이 아니다.

3. 시대적인 이유

2020년 초 코로나19 사태를 겪으면서 신천지라는 이단의 정체가 언론에 의해 낱낱이 파헤쳐지고, 뉴스와 시사 프로그램을 통해 세상에 공개되었다. 그렇게 드러난 신천지의 실상은 수많은 사람에게 엄청난 충격을 주었다. 사람들은 한결같이 "아니, 왜 멀쩡한 사람들이 저렇게 말도 안 되는 반사회적인 이단에 빠지는가?"라고 말한다. 이유가 뭘까? 신천지가 현대인이 가지고 있는 가장 깊은 곳의 심리를 꿰뚫어 그것을 통로로 삼아 접근하였기 때문이다. 바로 공동체 생활을 통한 소속감, 자신이 중요한 존재라는 인식, 그리고 지금까지 경험해보지 못했던 사랑(물론 거짓된 사랑이지만)과 친밀감이었다. 신천지에 빠진 사람들은 그런 공동체성에 매료되었다. 그만큼 현대인들은 사랑에 목말라 있고, 관계에 목말라 있다. 겉으로 보기에 현 시대가 혼자서 살아가는 것을 추구하는 시대 같아 보여도 사실 사람들의 마음 깊은 곳에는 늘 외로움과 고독에 대한 두려움이 도사리고 있다.

오늘날 소그룹은 이러한 문제를 해결하는 데 있어서 가장 탁월한 대안이 될 수 있다. 소그룹은 군중 속에서 고독을 경험하는 현대인들에게 군중 속에서는 얻을 수 없는 상호 간의 인격적인 관계를 통한 변화, 그리고 안정감과 소속감을 느끼게 해줄 수 있기 때문이다.[5]

---

5 옥한흠, 《평신도를 깨운다》(1998, DMI), p. 244.

02
소그룹이 주는 유익

빌 도나휴는 소그룹이 현대인들에게 주는 유익을 이렇게 정리했다.[6]

첫째, 진정한 소그룹은 삶의 폭풍우를 헤쳐나갈 힘을 준다. 현대인들은 많은 위험과 위기에 노출되어 있다. 그것이 육체적이든, 정신적이든, 심리적이든, 영적이든 그 모든 것을 오롯이 혼자 감당하는 것은 큰 고통이 아닐 수 없다. 앞서 언급했듯 신천지와 같은 이단들은 이 부분을 간파해 의도적으로 접근하는 방식으로 신뢰를 구축했다. 우리는 누구나 세상에 혼자 던져졌다고 느끼지 않을 수 있는, 고통을 함께 헤쳐나갈 공동체가 필요하다는 걸 이단이 자명하게 드러내 보여준 셈이다. 그 사실을 안 이상 가만히 있을

---

6 빌 도나휴, 러스 로빈슨, 오태균 역, 《소그룹 중심의 교회를 세우라》(DMI, 2004), pp. 58-66.

수 없지 않겠는가? 많은 목회자가 이단의 수법을 안타깝게 여기며 이전보다 더욱 애통한 심정을 갖게 되었을 것이라고 생각한다. 소그룹은 고통 중에 있는 지체에게 그리스도의 몸이 어떻게 그에게 도움이 될 수 있는지 경험할 수 있도록 하는 가장 유익한 현장이다.

둘째, 소그룹은 또한 우리가 중요한 결정을 내릴 수 있는 통찰과 지혜를 준다. 소그룹 안에 함께 있는 사람들은 서로에게 좋은 조언자가 되어 줄 수 있다. 잠언 15장 22절은 이렇게 말씀하고 있다.

> **의논이 없으면 경영이 무너지고 지략이 많으면 경영이 성립하느니라**
>
> _잠 15:22

조언자가 많을수록 더 올바른 선택을 할 수 있다. 특별히 중요한 결정을 내려야 하는 순간일수록 소그룹에 속한 구성원들은 그에게 좋은 결정을 내릴 수 있는 통찰력을 제공할 수 있다. 이는 정서적으로 상당한 안정감을 주게 된다.

셋째, 상호책임이다. 성경은 우리에게 변화의 시기에 우리를 지탱해주고 용납해줄 친구들이 필요하다고 가르친다. 즉 서로가 갖고 있는 말씀의 은혜와 삶을 진실하게 나눔으로써 서로 영적으로 성장해가는 유익을 주게 되는 것인데, 소그룹은 서로가 서로를 자라게 하기 위한 탁월한 구조를 갖고 있다.

> **철이 철을 날카롭게 하는 것 같이 사람이 그의 친구의 얼굴을 빛나게 하느니라** _잠 27:1

소그룹에서 서로의 연약함을 열어 보이고 진실한 나눔과 교제를 갖는다면 영적으로 성장하는 데 큰 유익을 얻을 것이다. 말씀과 설교를 통해 깨달은 것들을 신뢰할 수 있는 지체들에게 나누는 시간은 하나님이 우리에게 보여주신 깨달음에 머물도록 해주기 때문이다. 그렇게 되기 위해서는 먼저 자신을 드러내는 것에 대한 두려움을 극복해야 한다. 서로가 서로를 책임지는 소그룹이 되기 위해서는 물론 비밀이 유지된다는 확신이 있어야 한다. 그렇지 않으면 누구도 그 모임에 진실된 마음으로 임하지 않을 것이다. 소그룹은 예수님과 나, 사람들과 나 사이에 관계를 맺게 하며, 그 관계는 나를 성장시킨다.[7]

소그룹이 가져다주는 세 번째 유익은 용납이다. 나의 연약함과 실수에도 불구하고 내가 누군가에게 받아들여지고 있다는 믿음과 신뢰는 우리의 마음에 놀라운 치유와 회복을 일으킨다. 이러한 용납과 돌봄은 다른 어떤 곳에서보다 교회, 특히 소그룹을 통해 아름답게 이루어질 수 있다.

많은 사람이 자신의 실제 모습이 아닌 가면을 쓰고 살아간다. 사랑받기 위해, 인정받기 위해 내가 아닌 다른 사람의 모습으로 연기하면서까지 자신을 포장하는 것이다. 그러나 그러한 삶에는 안정감도 평안함도 없다. 늘 긴장의 연속이다. '혹시 내가 실수하지 않을까?', '사람들이 나를 싫어하지 않을까?' 하는 염려 때문에 어떤 관계도 행복하지 않다. 그러나 나의 실수와 연약함을 함께 끌어안고 보듬어주고 기도해주고 돌봐주는 공동체가 있다면 그 사람 안에는 놀라운 변화와 회복이 일어날 것이다.

이와 같이 소그룹은 현대를 살아가는 그리스도인들, 그리고 비그리스도인들에게 충분히 매력적인 요소를 가지고 있다. 21세기 교회는 위기에 직

---

7 김명호, 《균형잡힌 소그룹 지도자(강의안 교재)》(2007, DMI), p.19.

면해 있다. 교회가 설 자리를 점점 잃어가고 있다. 세상과 비교해보았을 때, 교회가 가진 탁월한 점은 무엇인가? 바로 공동체이다. 소그룹이다.

하나님께서 인간을 창조하실 때, 인간을 처음부터 교제의 대상으로 만드셨고, 교제하는 존재로 만드셨다. 인간은 혼자서 살 수 없으며, 교제 없이 살 수 없다. 피를 나누지는 않았지만 한 공동체 안에서 피를 나눈 형제자매보다 더 친밀하고 가까운 영적 교제를 나누는 사람들의 그룹이 교회 안에 하나둘씩 세워진다면 교회는 그 소그룹을 통해 공동체성을 회복할 수 있다. 그러므로 소그룹은 목회의 선택이 아니라 필수 요소임을 우리는 잊지 말아야 한다.

푸른나무교회의
소그룹 사역

교회를 개척하면서 가장 중점에 두었던 것이 바로 양육과 훈련이었다. 그러다 보니 푸른나무교회에서 소그룹 사역은 떼려야 뗄 수 없는 중요한 사역이 되었다. 양육, 훈련, 소그룹(순) 이 세 가지 요소는 푸른나무교회의 중심을 차지하는 사역들이다. 교회에 새로 나온 성도를 말씀으로 양육하여 교회에 잘 정착 시키고, 또 그렇게 정착하여 성장하는 그들을 말씀으로 훈련하여 교회의 리더로 세우고, 그 리더들을 통해 소그룹 사역이 이루어지도록 하는 것이 푸른나무교회 제자훈련 사역의 하나의 큰 틀이었기 때문이다.

그러나 양육과 훈련을 위한 소그룹 사역은 어느 정도 잘 이루어졌고, 나름대로 많은 열매를 거두었으나 소그룹(순모임) 사역에서는 많은 시행착오와 어려움을 겪어왔으며 지금도 겪고 있다. 이런 내가 소그룹 사역에 관한 책을 쓴다는 것 자체가 모순이 아닐 수 없다. 푸른나무교회의 소그룹 사역은 여전히 실험 중이기 때문이다. 지금도 많은 시행착오를 겪고 있고, 여전히 완성되지 않은 현재진행형이다. 따라서 내가 소그룹에 대해 다른 목회자들에게 줄 수 있는 특별한 비법이나 비결은 없다. 그러므로 이 부분에는 소그룹 전문가가 전하는 성공 노하우가 담겨 있지 않다. 단지 교회를 개척하여 8년이라는 시간을 지나오는 동안 해왔던 소그룹 사역이 동료 목회자들에게 '소그룹을 이렇게 해서는 안 된다'는 반면교사가 되기를 바라는 마음으로 썼다. 그래서 동역자들이 소그룹 사역에 있어서 내가 경험한 실패를 겪지 않고 시행착오를 줄이면 좋겠다.

앞으로 나눌 내용들을 통해 소그룹이 실제 목회현장에서 어떻게 적용될 수 있는지에 대한 고민을 함께 나눌 수 있기를 바란다.

두 종류의 소그룹

푸른나무교회에서는 예배를 제외한 거의 모든 모임이 소그룹으로 이루어지고 있다. 물론 성경대학이나 각종 세미나는 강의 형태의 중그룹으로 이루어지기도 하지만 대부분은 소그룹 형태의 나눔이 가능한 모임으로 진행된다. 푸른나무교회에서 진행되고 있는 소그룹은 크게 두 가지로 나뉘는데, 양육과 훈련을 위한 소그룹과 성도들이 함께 모여 말씀과 삶을 나누며 교제하는 소그룹(순모임)이다.

이 두 종류의 소그룹 유형은 목적이 조금 다르다. 양육과 훈련을 위한 소그룹은 앞에서 언급했듯이 소그룹이 가지는 기본 환경은 동일하게 가지고 있지만 전인적인 소그룹[8]이 되기는 힘들다. 주로 말씀을 가르치고 훈련하는 목적으로 조직된 한시적인 모임이기 때문에 전인적인 기능을 가진 소그룹과는 분명히 차이가 있다.

양육과 훈련 소그룹

푸른나무교회에서는 특별한 경우를 제외하고는 대부분의 양육과 훈련(새가족반, 확신반, 성장반, 제자반, 사역반)이 소그룹 형태로 이루어지며 각 단계는 교육 기간의 차이가 있지만 소그룹이 가지는 장점을 최대한 활용하여 진행하고 있다.

이렇게 소그룹 형식으로 모든 양육과 훈련을 진행하는 이유는 많은 인원이 모여서 일방적인 강의를 듣는 것보다 적은 인원이 모여 하나님의 말씀을 배우고 서로 질문하고 대답하는 상호 인격적인 교제가 일어나는 환경을 통해 성도들이 성경공부에 집중하고 더 깊은 관심을 가질 수 있는 구조로 만들기 위해서이다.

소그룹 양육과 훈련을 통해서 깨달은 것 중 하나는 강의는 한 시간 듣는 것도 힘들지만 자신이 대화에 참여해 말하는 것은 세 시간을 해도 부족함을 느낀다는 것이었다. 그만큼 성경공부를 할 때 일방적인 강의 형식보다는

---

8 전인적인 소그룹이란, 소그룹 자체가 교회의 기능들, 즉 예배, 선교, 양육, 교제, 사역 등과 같은 기능을 모두 하는 그룹을 말한다. 그 자체가 하나의 교회라고 할 수 있다.

함께 질문하고 대답하는 형식의 소그룹이 신앙의 성장을 이루어가는 아주 유용한 방법이라고 할 수 있다.

교회에 등록하는 새가족 중에는 초신자도 있지만 타교회에서 이명해 오는 기존 신자들도 있다. 그런데 이러한 소그룹 양육 과정이 없으면 그들의 신앙 수준을 파악하기 힘들고 현재의 영적인 상태를 알기 어렵다. 타교회에서 직분을 받았고, 어느 정도 훈련 과정도 거친 사람임에도 불구하고 소그룹 안에서 말씀을 나누다 보면 그 직분에 걸맞은 신앙의 성숙이 이루어져 있지 않은 경우도 많고, 어떤 경우에는 직분은 없지만 영적인 잠재력을 보이는 사람이 있기 때문이다. 이런 사람들을 면밀히 파악하기에는 강의 형식의 중그룹이나 대그룹보다는 소그룹이 훨씬 유용하다. 또한 이렇게 해서 그 사람의 신앙에 대해 세밀하게 파악할 수 있어야 앞으로 어떻게 그들을 영적으로 지도해가야 할지에 대한 방향을 잡을 수 있기 때문에 소그룹은 양육과 훈련에 있어서도 꼭 필요한 형태라고 할 수 있다.

최근 푸른나무교회는 모든 성도를 의무적으로 순모임에 포함시키지 않고 순모임에 대한 필요와 갈망을 가지고 있는 사람을 중심으로 재편했다. "그럼 순모임에 속하지 않은 사람은 어떻게 케어하는가?" 하는 질문이 있을 수 있다. 바로 양육과 훈련 소그룹에 흡수하여 케어하고 있다. 그러므로 푸른나무교회에서 양육과 훈련은 단순히 성경을 배우고 훈련하는 그룹이 아니라 순모임에 포함되지 않은 성도들이 말씀으로 영적 돌봄을 받을 수 있는 소그룹이기도 하다.

순(목양적 소그룹)모임

푸른나무교회에서 소그룹이라고 하면 일반적으로 '순모임'을 지칭한다. 특히 개척 초창기 순모임은 양육과 훈련에 관계없이 교회에 들어오는 모든 성도를 순에 편성하였다. 새가족이 등록하면 일차적으로는 그를 인도한 사람이 속한 순에 편입되었고, 시간이 지나 어느 정도 적응이 되었다고 생각될 때, 다른 순으로 새롭게 편성하여 다른 사람들과도 교제하도록 했다. 이후에는 그렇게 하지 않았지만, 초기에는 푸른나무교회에 등록한 거의 모든 성도가 순에 편성되어 신앙생활을 하도록 했다.

04

푸른나무교회 순모임
(목양적 소그룹)의 변천 과정

개척단계

2012년에 우리 가족을 포함해 12명의 멤버가 함께 교회를 개척했다. 그 중에서 이미 다른 교회에서 어느 정도 훈련을 받은 사람들, 예를 들어 구역장이라든지 리더십 경험이 있는 세 사람을 세워서 네 명으로 구성된 소그룹을 하나씩 맡도록 했다. 12명이라는 인원으로 볼 때 굳이 소그룹을 따로 만들 필요가 있을까 하는 생각도 들었지만 12명이 함께 나누기에는 어려운 부분이 있었고, 또 앞으로 새로 들어오는 성도가 생기면 그들을 보다 세심하게 섬길 수 있는 목양적 소그룹이 필요할 것이라는 생각이 들었다.

그리고 개척 다음 해인 2013년부터 2014년까지는 많은 새가족이 교회에 등록하면서 일곱 개 순으로 분가 되었다. 아직 제자훈련 수료자가 나오지 않은 상황에서 새로 등록하는 새가족이 많다 보니 케어할 수 있는 리더(순장)가 절대적으로 부족했다. 그럼에도 불구하고 계속해서 순을 늘려나갔다. 이것은 나중에 소그룹 사역에 큰 어려움을 초래했는데 초반에는 큰 어려움이 없었기 때문에 문제라고 느끼지 못했다.

성장단계

2015년부터 2016년까지는 교회가 많은 성장을 이룬 시기였다. 이때 순은 장년순 10개와 청년순 2개를 합해서 총 12개의 순으로 늘어났으며 한 순은 7-8명으로 구성되어 있었다. 제자훈련이 시작되면서 제자훈련을 수료한 성도들이 소그룹의 리더로 세워지기 시작했지만 여전히 공급(리더의 수)보다 수요(성도의 수)가 압도적으로 많아서 새로 등록하는 성도들의 숫자에 맞는 리더를 세울 수 있는 여건이 되지 못했다.

사실 순모임을 인도하는 순장의 기준에 대한 처음 계획은 제자훈련 1년과 사역훈련 1년, 총 2년의 훈련을 마친 사람이었다. 소그룹 인도법과 소그룹 리더십을 알고 교회의 철학과 비전을 함께 공유한 사람을 순장으로 세울 계획이었다. 그러나 그러기에는 리더가 너무나 부족했고, 시간적으로 그렇게 기다릴 여유가 없었다. 당시만 해도 순장들은 사역훈련을 받지 않고 제자훈련만으로 순장의 역할을 하는 사람이 3분의 2였다. 이를 보완하기 위해 순장들을 대상으로 수요일마다 수요예배 후에 순장학교를 열어서 소그룹을 인도하는 방법과 리더십, 그리고 소그룹 목회에 대한 부분을 따로 훈련했다. 그러나 이 방법은 건강한 리더를 세우기에 충분한 훈련은 되지 못했다.

변화단계

2017년부터 2018년까지는 순모임이 14개로 늘어나면서 순에 변화를 주었다. 그동안 관계 중심으로 묶여 있던 순을 지역 중심으로 재편성했다. 평일에 모일 수 있는 순모임뿐 아니라 주일에 교회에서 모이는 순모임 역시 가능하면 지역적으로 가까운 성도들끼리 모이도록 편성했다. 그리고 대상에 따라 청년순, 여자순, 남자순으로 다시 나누었다. 하지만 결과적으로는 순모임이 잘 정착되지 않았다. 순모임에 참여하는 사람보다 참여하지 않는 경우가 더 많았다. 그래서 나름대로 분석한 것이 여자순과 남자순을 나눌 것이 아니라 부부순과 가정순을 통해 아내와 남편이 같은 순에 속하여 함께 신앙을 나눌 수 있도록 하면 어떨까 하는 생각을 하게 되었다. 그래서 2019년, 순모임에 또 한 번 변화를 주게 되었다. 이러한 시도는 나름대로 성공적이었다. 아직 혼자 순모임에 참석하기를 부담스러워하는 남자 성도들도 아내들과 함께 하니 참여하는 비율이 높아졌다. 그리고 남자순이나 여자순에서 느낄 수 없는 부부순, 가정순만의 친밀한 분위기가 형성되었다.

2019년부터 기본적으로 모든 순을 가정이나 부부순으로 편성하되, 부부순에 들어갈 수 없는 싱글 성도나 부부가 교회에 출석하더라도 부부순보다는 남자순이나 여자순에서 모이기를 희망하는 성도들은 각각 남자순, 여자

순으로 편성하여 순모임을 하도록 했다. 이러한 변화는 나름대로 성공적이어서 순모임에 대해 만족한다는 의견이 많았다.

현재의 상황

이러한 상황에도 불구하고 여전히 순모임에 대한 어려움을 호소하는 사람이 많았다. 심지어 주일에 모이는 순모임에 참석하는 성도들 중에는 주일에 예배드리러 오는 것조차 부담스럽다고 말하는 사람이 생기기 시작했다. 급기야 순모임을 하지 않기 위해 예배만 마치고 바로 교회를 빠져나가는 사람들이 생겼다. 이런 일이 반복될수록 순장들은 자신감을 잃어갔다.

순모임 자체가 순장에게도 순원들에게도 적지 않은 부담을 안기고 있었다. 순모임이 기다려지고, 참석하고 싶은 것이 아니라 억지로 부담감을 가지고 참석해야 하는 형식적인 모임이 되어 가고 있었던 것이다. 이대로 순모임이 흘러가도록 내버려 둘 수가 없었다. 결단을 내려야만 했다. 그래서 2020년에 들어서면서 순모임에 다시 한 번 변화를 주었다. 모든 성도가 의무적으로 순에 들어가야 했던 기존의 방식을 바꾸어 순모임의 필요성을 느끼는 성도들만으로 이루어진 순모임을 편성했다. 그리고 새로 등록한 성도들은 새가족반에서 케어하도록 한 후 기본적인 양육을 거쳐 본인이 원하면 순에 들어가도록 했다. 그렇게 했을 때 '순에 편성되지 않은 사람들은 어떻게 할 것인가?' 하는 문제가 남는다. 순에 편성되지 않은 사람들은 먼저 예배에 집중하도록 안내했다. 그리고 자신이 원하는 성경공부반이나 양육클래스에 들어가서 성경공부를 할 수 있도록 했다. 기본적으로 순모임에서 성도들을 케어하고 그 이외의 성도들은 성경공부 소그룹에서 말씀을 통해 양육 받도록 한 것이다. 그렇게 하다 보니 기존 순모임보다 50% 수준으로 수가 줄었다. 하지만 순모임에 대한 만족도는 훨씬 좋았다. 전에는 순모임을 하기 싫은데도 억지로 참석하는 멤버가 있다 보니 순장(소그룹 리더)이 순모임을 인도할 때, 순원들의 분위기나 눈치를 봐야 했지만 지금은 자원해서 순모임에 들어온 사람들로 구성되었기 때문에 적극적이고, 깊이 있는 나눔을 할 수 있게 되었으며 순장들의 피로도 줄었고 모임의 분위기도 훨씬 좋아졌다.

앞으로 이 방법으로 어느 정도 시간이 흘러가야 또 평가를 할 수 있겠지만 지금으로서는 이번에 새롭게 변화를 준 순모임에 대한 만족도가 상당히 높은 편이다. 이러한 분위기가 순모임이 늘어나는 동기를 제공해주기를 바라고 있다.

05
소그룹, 이렇게 하지 말라

개척 이후 소그룹을 세우는 과정 속에서 참 많은 실수와 시행착오를 겪었다. 그리고 종종 한계에 부딪히기도 했다. 그러나 이러한 좌충우돌을 통해 뼈아프지만 소중한 교훈들을 얻을 수 있었다. 이것이 현장 경험 속에서 직접적으로 얻게 되는 유익이라고 생각한다.

내가 소그룹에 대한 시행착오를 통해 소중한 교훈을 얻은 것처럼, 이러한 실패담과 시행착오가 소그룹을 새롭게 세워가는 작은 교회의 목회자들에게 좋은 통찰을 제공해 주리라 믿는다.

1. 아무 생각 없이 소그룹을 만들지 말라

소그룹의 목표와 성격을 분명히 하라! 소그룹을 편성하는 데 있어서 이것만큼 중요한 것은 없다. 처음 교회를 개척했을 때, 순(소그룹)을 조직하면서 별 생각이 없었다. 늘 해오던 대로 아무런 고민 없이 너무나 당연하고 자연스럽게 순을 조직하고 편성했다. 그리고 사람들이 오면 일단 무조건 순으로 편입시켜 순에서 관리를 받도록 했다. 굉장히 기계적이었다. 다행스럽게도 몇몇 목양의 은사가 있는 리더들 덕분에 그래도 초창기에는 그럭저럭 순모임이 움직여지는 듯했다. 교회에 등록하는 새가족의 숫자가 계속 늘어나면서 겉으로 보기에 순모임은 문제가 없어 보였고, 오히려 성장하는 것 같아보였으나 질적으로는 늘 제자리걸음을 벗어나지 못하거나 문제점들이 하나둘씩 드러나기 시작했다.

지금 생각해보면 나는 소그룹 조직을 위한 아무런 기준이 없었던 것 같다. 양육과 제자훈련에 있어서는 그토록 확고한 목회철학을 가지고 있으면서도 순모임의 편성과 조직에는 아무런 고민도 철학도 없었다. 더 나아가서 이 순모임이 어떤 목표를 가지고 있는지, 어떤 성격으로 운영 되는 것인지에 대한 기준이나 원칙조차 없었다.

소그룹의 목표와 성격이 분명하지 않으면 방향을 잃어버리게 된다. 그러므로 이 소그룹을 통해서 이루고자 하는 목적과 목표가 무엇인지를 확실히 해야 한다. 그래야 그 소그룹의 성격이 결정되고 힘이 생기고 생명력이 생긴다. 하나의 작은 교회로서 역할을 하는 소그룹인지 아니면 대그룹인 교회의 역할을 보완해주는 역할을 하는 소그룹인지 아니면 성도들을 관리하기 위한 조직인지 그 목표가 분명해야 한다.

소그룹이라고 해서 다 같은 목표와 성격을 지니고 있지 않다. 그렇기 때문에 우리 교회가 가지고 있는 목회철학, 목회방법에 부합되며 그에 어울리는 소그룹의 목표와 성격을 가지고 있어야 한다.[9]

푸른나무교회의 소그룹은 그 자체가 교회가 가지는 모든 역할을 하는 전인적인 개념을 갖지 않는다. 일종의 세포 역할을 한다. 교회 전체의 균형을 위해, 교회와 연결되어 교회를 보완하고 교회를 지원하는 역할을 한다.

어떤 소그룹은 교회가 하는 모든 역할을 한다. 그리고 그 소그룹이 하나의 독자적인 교회로서의 역할과 결정을 하기도 한다. 또 어떤 경우에는 서교제를 위해 모여서 함께 이야기를 나누며 친교 중심으로 이루어지는 소그룹도 있다. 그러나 푸른나무교회의 소그룹인 순은 독자적으로 하나의 교회 역할을 하지는 않는다. 교회의 한 부분으로서 교회와 상호 협력 속에서 서로의 사역을 지원하고 보충하는 역할을 한다. 특히 순모임에서 이루어지는 가장 중요한 것은 양육이다. 그래서 순모임에서는 귀납적 방식으로 주어진 자료를 가지고 말씀을 나누도록 하고 있다. 처음에는 2시간 가까이 말씀만 나누었으나 지금은 전체 모임 시간의 3분의 1은 교제, 특히 식탁 교제를 나누도록 하고, 나머지 시간에는 귀납적인 방식으로 말씀을 배우고, 배운 말씀을 나누고 삶에 적용하도록 운영하고 있다.

개척을 하고 3-4년이 지나면서 이러한 소그룹 형태를 지켜나가기 어려웠다. 타교회에서 신앙생활 했던 분들 중에는 자신이 알고 있는 소그룹 형태를 고집하기도 하고, 또 진지하게 말씀을 나누는 양육 중심의 소그룹에

---

9 빌 도나휴, 러스 로빈슨, 김주성 역, 《소그룹 사역을 망치는 7가지 실수》(DMI, 2004), pp. 26-27.

불만을 가진 사람도 있었기 때문이다. 그러나 소그룹 구성원이나 순장에 따라서 소그룹의 성격이 달라진다면 그 소그룹은 교회의 철학을 함께 공유하고 한 방향을 향해 나아가기 어려울 것이다. 그렇게 되면 당연히 정체성이 없어진다. 이와 같이 소그룹이 리더의 성향과 경험에 따라 각자 운영되면 오히려 교회에 혼란을 줄 수 있다. 그러므로 목회자는 우리 교회 소그룹의 비전, 목적, 목표가 무엇인지를 고민해 분명히 해야 한다. 또한 소그룹의 성격을 명확하게 규정해야 한다. 교제를 위한 부담 없는 그룹인지, 예배를 위한 그룹인지, 어떤 활동을 위한 그룹인지, 말씀을 나누는 그룹인지를 분명히 하고 그 소그룹의 성격에 걸맞게 리더를 세워야 한다.

2. 성급하게 리더를 세우지 말라

준비된 리더를 세워야 한다. 소그룹에서 가장 중요한 요소를 꼽으라면 나는 주저하지 않고 소그룹 리더라고 말할 것이다. 소그룹의 성패는 리더에 달려 있다고 해도 과언이 아니다. 그러므로 소그룹의 문제는 곧 리더의 문제라고 생각하면 된다. 이러한 이유로 소그룹 리더는 반드시 훈련된 사람이어야 한다. 그것도 담임목사를 통해 교회가 요구하는 일정 기간의 훈련을 통과해야 하며, 소그룹 리더로서 갖추어야 할 가장 기본적인 자질이나 사역에 대한 훈련을 받은 사람이어야 한다. 그러나 개척 초기에 나는 그렇게 하지 못했다. 너무 성급하게 리더를 세웠고, 그로 인해 아주 큰 고통을 고스란히 경험해야 했다.

그도 그럴 것이 교회를 개척하고 나서 제자훈련을 시작하는 시간까지는 햇수로 2년이 걸렸다. 다른 말로 하면 아직 소그룹 인도자로서 훈련된 사람이 없었다는 것이다. 푸른나무교회에서는 순장이 되어 순모임을 인도하려면 최소한 2년간의 말씀훈련과 목양훈련, 소그룹 인도훈련을 받아야 하는데 그런 리더를 세우지 못하고 훈련을 다 마치기도 전에 리더로 세워 소그룹을 맡겼다.

개척 2년차부터 새가족이 많이 등록하기 시작했는데, 그들을 교회에 빠른 시간 내에 정착시키기 위해 무조건 소그룹 안에 편성했다. 그러다 보니 소그룹 리더가 부족한 현상이 생겨났다. 적어도 2년 정도의 훈련을 통해 소그룹 리더를 세우려는 계획을 지키기가 어려웠던 것이다. 당장 몰려드는 새가족들을 돌보기 위해 소그룹을 편성했으나 훈련된 리더가 부족해 아직 충분히 훈련되지 않은 리더들을 순장으로 세워 순을 이끌게 했다. 결과는 소그룹의 정체로 나타났다.

지금 생각해보면 훈련되지 않은 소그룹 리더를 세우는 것보다는 소그룹을 일정 기간 편성하지 않는 것도 괜찮다는 생각이 든다. 작은 교회라면 담임목사가 직접 모든 성도를 영적으로 케어하는 것이 좋다. 오히려 양육과 훈련을 통해 먼저 성도들이 말씀의 은혜를 충분히 누릴 수 있는 시간을 주어야 한다. 아직 신앙이 어리고 성숙하지 않은 사람들이 순장이 되면 순장 자신도, 그러한 순장을 리더로 둔 순원들도 어려운 상황을 맞이할 것이기 때문이다.

현재 푸른나무교회에서는 사역훈련까지 마친 리더들에게 순장 역할을 맡기고 있다. 이렇게 함으로 순장으로 섬길 수 있는 리더의 수는 그만큼 줄어들었고, 소그룹의 숫자도 줄어들었다. 그러나 많은 수의 순장과 순이 생기는 것보다 적은 수의 순장이 많은 수의 순원들을 돌보더라도 일정 수준의 훈련을 받고 준비된 리더를 세우는 것이 건강한 소그룹을 세워가는 필수요소이다.

3. 리더들을 방치하지 말라

리더들을 지속적으로 케어하라. 목회자에게 양육과 훈련의 오랜 과정을 통해 리더들이 세워지는 것만큼 뿌듯하고 기분 좋은 일은 없을 것이다. 담임목사와 함께 동일한 비전과 목표를 향해 동역할 수 있는 평신도 사역자들이 그만큼 많아지는 것이기 때문이다.

개척 초기부터 최근까지도 마음속에 가장 큰 아쉬움으로 남은 것이 세워진 리더를 제대로 케어하지 못한 부분이다. 나는 훈련을 통해 리더로 세워지면 그것으로 모든 것이 끝난 것처럼 여겼다. 이제 리더는 스스로 자기의 신앙과 영성, 모든 것을 관리할 수 있어야 한다고 생각했다. 그리고 이제 교회의 모든 양육과 훈련 과정을 마쳤으니 홀로 서서 자신의 신앙과 사명을 감당해갈 줄 알았고, 그렇게 되리라 기대했다. 물론 순장들은 최선을 다했고, 귀한 일들을 감당했다. 문제는 조금씩 지쳐가고 있었다는 것이다. 리더들, 특히 순모임을 맡고 있는 목양 리더인 순장들은 많은 사역들로 자신의 에너지를 소비했지만 소비하는 에너지만큼의 힘을 공급받지 못했다. 무엇보다 순원들을 목양하면서 급격히 쌓여가는 스트레스와 부담감을 해소할 수 있는 통로가 없었다. 그로 인해 사역에 대한 부담과 무게를 견디지 못해 내려놓는 경우가 생겼다. 어쩌면 순장들이 가장 힘들었던 부분은, 사역 자체가 아니라 담임목사와의 지속적인 소통과 교제를 통해 공급받아야 할 그 무엇이 없음으로 인해 생기는 영적침체가 아니었을까?

순장, 특히 목양리더들이 겪는 가장 큰 어려움은 담임목사와의 소통이다. 순원들을 목양하느라 받는 영적 고민과 부담감을 해결하거나 해소할 수 있는 통로가 없었고, 더 나아가서 영적으로 성장하기 위한 담임목사의 세심한 멘토링이 부족했다. 리더들을 영적으로 케어하고 지속적으로 멘토링 하는 부분을 놓치고 있었던 것이다.

이런 일들을 경험하면서 영적인 무게와 책임을 짊어진 순장들, 교회 사역을 하는 모든 리더 그룹들과 지속적으로 소통하고 그들을 멘토링 하는 것이 얼마나 중요한지 새삼 깨닫게 되었다.

최근에는 한 달에 한 번, 그것도 회의 형식으로만 모였던 순장모임(리더모임)을, 매주 정기적으로 모여 함께 찬양하고 기도하며 말씀을 나누고 중보하는 시간으로 바꾸었으며 이 시간을 통해 순장들을 영적으로 돌보며 은혜를 공급하고 있다. 이 시간을 통해 담임목사의 목회 비전과 철학을 나누며 공유한다. 더 나아가서 교회의 현안 문제를 놓고 기도하며 함께 지혜를 모으고 있다. 뿐만 아니라 순장들을 비롯한 리더 그룹과는 더 친밀한 관계를 유지하려고 노력한다.

앞으로 순장들, 그리고 더 넓은 의미의 리더그룹과 친밀한 관계를 유지함과 동시에 그들의 영적인 고충과 부담감과 스트레스를 들어주며 함께 기도하고, 더 나아가서 영적으로 공급받을 수 있는 양질의 교육과 세미나를 통해 리더로서의 역량을 키워갈 수 있도록 지속적으로 도울 계획이다.

4. 리더가 나오기만을 기다리지 말라

리더를 길러내는 구조와 문화를 만들어라. 소그룹 사역을 하려는 작은 교회들이 직면하는 가장 큰 문제 중 하나가 바로 리더 부족 현상이다. 푸른나무교회 역시 초창기 가장 어려움을 겪었던 부분이다. 사역은 많아지고 돌볼 성도는 많아지는데 리더가 부족하니 아직 준비가 되지 않은 사람을 리더로 세우기도 했다. 그렇게 급한 불을 꺼가면서 사역을 이어갔지만 시간이 지날수록 부정적인 상황이 속속 나타났다.

소그룹 리더(사역 리더든지 목양 리더든지)가 지속적으로 세워지지 않을 경우 소그룹은 정체를 경험하게 된다. 리더가 지속적으로 세워지지 않는 데는 여러 가지 이유가 있겠지만 교회마다 리더들을 길러내는 구조와 시스템이 부재한 까닭도 있다. 그래서 교회마다 리더를 세우고 훈련하기 위한 리더십 트레이닝이나 리더학교와 같은 프로그램을 운영하여 리더를 길러내기도 한다.

물론 이러한 단발성 세미나와 훈련으로도 당장의 문제를 해결할 수는 있다. 그러나 이러한 방법으로는 견고한 리더를 꾸준히 세워가기 어렵다. 따라서 지속적으로 리더를 길러낼 수 있는 구조와 문화를 갖추는 것이 중요하다.

나는 그 방법으로 제자훈련을 추천한다. 소그룹은 제자훈련과 함께 갈 때 가장 효과적이다. 그러기 위해서는 두 가지 트랙을 함께 활용해야 하는데, 먼저는 순에서 리더의 잠재력과 은사를 가지고 있는 순원들을 지속적으로 양육해 그들이 제자훈련과 사역훈련에 참여할 수 있도록 준비시키는 일이다. 순장은 순원들을 양육하는 가운데 리더로 훈련받아야 할 순원들이 있을 때, 제자훈련에 참여할 수 있도록 동기부여 하는 역할을 잘 해야 한다.

각 순마다 좋은 리더의 잠재력을 가지고 있는 성도가 있어도 소그룹을 책임질 만한 리더로 훈련할 수 있는 안정적인 구조가 마련되지 않으면 그들의 은사와 잠재력은 묻혀버리고 만다. 리더를 지속적으로 길러내는 데에는 제자훈련에서 사역훈련으로 이어지는 훈련만큼 좋은 과정이 없다. 리더는 단시간에 길러지지 않는다. 장기적인 계획을 가지고 서서히 진행해야 한다. 제자훈련과 사역훈련에는 총 2년이 걸리기 때문에 리더로 섬길 수 있는 성도를 훈련시키는 탁월한 과정이라고 할 수 있다. 이들을 훈련할 때는 기본적으로 교회의 사역과 비전을 공유해야 한다. 그리고 예수님의 제자로서 어떻게 헌신되어야 하는지를 가르치고, 더 나아가서는 자신의 은사를 발견하고 개발하여 자신이 하는 사역이 교회의 어떤 영역을 섬길 수 있는지 알수 있도록 해야 한다. 물론 2년이라는 시간이 리더를 완벽하게 세우는 시간이라고 말할 수는 없지만 그래도 비교적 단단한 리더로 세우는 데 이처럼 좋은 방법은 아직 없다.

따라서 리더 양성에 대한 전체적인 그림과 구조를 가지고 소그룹 리더를 세워간다면 리더가 부족해 사역이 정체되는 현상은 나타나지 않을 것이다.

5. 소그룹 구성원을 오랫동안 유지하지 말라

소그룹 구성원에 변화를 주라. 순을 운영하다 보면 어떤 순은 모임이 활성화되고 인원이 늘어나는가 하면 어떤 순은 잘 모이지 못하고, 심지어는 있던 멤버들마저 하나둘씩 빠져 나가는 경우도 있다. 이러한 상태를 그대로 방치하면 두 가지 현상이 나타나는데 첫째는 소그룹 리더인 순장이 점점 힘을 잃는다. 순원이 모이지 않으니 리더로서 느끼는 부담감이 클 수밖에 없다. 둘째는 순원들 역시 점점 순모임에 대한 흥미와 매력을 잃게 되어 모임 자체가 힘들어진다.

교회가 매번 순모임에 개입할 필요는 없지만 때로는 목회자가 개입하여 순모임이 정체되거나 힘을 잃어가지 않도록 도와야 할 때가 있다. 푸른나무교회에서도 이와 같은 상황을 방치해왔다. 즉 순 안에서 발생하는 문제는 각자 순에서 알아서 해결하기를 기대했다. 그런데 그 시간이 길어지자 더이상 순모임을 이어가는 것이 의미가 없어질 만큼 형식적인 모임이 되어버린 것이다. 이런 경우에는 순의 멤버를 조금 조정해줘야 한다. 스스로 피를 만들어내지 못할 때는 외부로부터 수혈을 받아야 하듯 순이 스스로 그 기능을 하지 못할 때는 멤버의 외부 수혈을 통해 순의 분위기를 바꾸어주는 것이 좋다. 생명력 있는 순에서 활기 있는 분위기를 만드는 멤버를 보내 소그룹을 활성화시키는 것이다. 반대로 순모임이 잘 이루어지지 않아 그곳에서 맛볼 수 있는 은혜와 기쁨을 누리지 못했던 멤버들을 생명력 있는 순으로 보내는 방법도 고려해볼 수 있다.

더불어 소그룹 멤버를 너무 오랜 시간 동일하게 유지하면 그들만의 유대감이 생긴다는 장점도 있지만 흩어지지 않고 내가 속한 소그룹만을 위하는 소그룹 이기주의가 나타날 수도 있다. 소그룹 내의 친밀감도 중요하지만 폐쇄적인 그룹이 되지 않도록 주의해야 한다. 그러므로 큰 틀은 유지하되 적절한 시기에 정기적으로 멤버를 바꾸어주는 것도 많은 성도가 전체 공동체 안에서 서로를 알아가는 데 도움이 된다. 그러나 너무 자주 바뀌면 마음을 터놓고 소통하는 것이 어려워질 수 있으므로 그 시기는 각 교회의 실정에 맞게 적절한 긴장을 가질 수 있는 기간으로 정하는 것이 좋다.

6. 소그룹을 무미건조한 학교나 아카데미로 만들지 말라

소그룹을 그저 양육, 훈련의 완성 프로그램으로 보지 말라. 교회가 양육과 훈련과정을 통해 성도들을 세워가는 것은 정말 귀한 일이다. 그러나 교회는 학교가 아니다. 아카데미가 아니다. 양육과 훈련을 통해 성도 한 사람

한 사람을 예수 그리스도의 제자로 훈련하여 성도의 온전한 삶을 살아나가도록 해야 하고, 교회의 사역에 함께 동참하는 동역자로 세워가야 한다. 그러므로 양육과 훈련은 반드시 성도들 간의 관계로 이어져야 하고 삶으로 완성되어야 한다. 바로 그것을 실현시키고 완성해주는 환경이 성도의 소그룹 모임이다.

성도들은 소그룹에서 관계를 훈련하고, 교제를 배우며, 서로가 서로를 세워가는 교회됨의 본질을 배워간다. 그러므로 제자훈련을 목회철학으로 삼는 교회일수록 소그룹 사역에 제자훈련만큼의 관심을 가지고 세밀하게 다루지 않으면 안 된다. 소그룹 사역의 성패에 따라 양육과 제자훈련이 탄력을 받을 수도 있고, 힘을 잃어버릴 수도 있기 때문이다.

지금까지 소그룹에 대해 여러 가지 이야기를 나누었다. 다양한 소그룹 사역의 실패와 시행착오는 많은 것을 배우게도 했지만 그만큼의 대가와 어려움의 시간도 겪어야 했다. 이 공간을 빌어서 다시 한 번 동료 선후배 목회자들에게 부탁하고 싶은 것은 소그룹을 잘 이해하며 소그룹 사역을 잘 해낼 수 있는 소그룹의 전문가가 되라는 것이다. 앞으로 우리에게 다가오는 시대 속에서 소그룹 사역은 더 빛을 발하게 될 것이기 때문이다. 이론적인 공부도, 전문가들에게 배우는 것도 필요하지만 결국 가장 중요한 것은 내가 실전에 뛰어들어보는 것이다. 이론도 중요하지만 실전에서 모든 것이 이론대로 되지 않는다는 것도 배워야 한다. 그것이 바로 나만의 내공이요, 노하우가 아니겠는가?

소그룹이 건강해야 교회가 건강할 수 있다. 소그룹이 튼튼해야 교회가 흔들리지 않는다. 그러나 반대로 교회의 위기 또한 소그룹에서부터 온다는 것을 기억하자!

한국교회가 모이는 숫자를 자랑하는 시대는 지났다. 대그룹으로 얼마나 모이느냐는 이제 중요하지 않다. 튼튼하고 건강하며 생명력 있는 소그룹이 얼마나 있느냐가 교회의 건강을 나타내는 지표가 될 것이다. 주님께서 여러분에게 맡겨주신 교회가 이러한 생명력 있고, 역동적인 소그룹으로 능력 있게 살아나는 교회가 되기를 기대한다.

철이 철을 날카롭게 하는 것같이
사람이 그의 친구의 얼굴을 빛나게 하느니라

잠언 27:1

소그룹 모임이 원활하게 이루어지기 위해서는
모임에서 다루는 내용도 중요하지만
편안한 분위기가 먼저 조성되어야 한다.
때문에 소그룹 리더들은
모임 시작 전에 어떻게
분위기를 편안하게 만들지에 대한
고민이 크다.

효과적인 소그룹 인도를 위한 코칭적 접근

이스라엘아 들으라 우리 하나님 여호와는
오직 유일한 여호와이시니

신명기 6:4

01
풍성한 코이노니아를 위한 접근법

사람은 누구나 새로운 사람들과 공동체를 이루어 교제를 하게 되면 기대감과 긴장감을 동시에 갖는다. 몇 사람이 모인 곳의 분위기가 편안하지 않으면 그 안에서는 역동적인 나눔과 교제를 기대하기 어렵다. 따라서 사람들이 모여 진실된 교제를 지속하려면 먼저 편안한 분위기가 조성되어야 한다. 그렇지 않으면 평소에 하던 익숙한 생각도 말로 표현하기 어려워져 모임을 지속할 수가 없다.

이번 장에서는 소그룹의 시작부터 마무리까지 리더가 소그룹을 인도할 때 실행해야 하는 것들을 코칭에서 사용하는 일부 기법을 접목해 설명하고자 한다. 즉, 라포(rapport)를 형성하고 경청과 질문을 통해 코이노니아

(koinonia)를 풍성하게 하는 방법을 알아보고 나아가 코칭 기법을 통해 소그룹의 집단지성을 경험하는 방법까지 적용해보고자 한다.

소그룹 코이노니아를 풍성히 가지려면 하나님의 은혜 안에서 서로에게 헌신해야 한다. 그러기 위해서는 깊은 소통이 이루어져야 한다. 하지만 대부분의 소그룹이 일방적인 강의로 진행되기 때문에 구성원들은 선생님의 답을 기다리는 학생의 위치에 있거나 소수가 모임의 주도권을 가져 참여자 대부분이 깊이 있는 나눔이 주는 은혜를 경험하지 못한다. 이럴 때 리더의 역할이 중요하다. 어떻게 하면 모두가 참여할 수 있는 분위기를 조성할 수 있을까?

소그룹을 시작할 때는 보통 첫 번째 모임부터 마지막 모임까지의 계획과 실천 방안이 어느 정도 마련되어 있다. 그런데 커리큘럼 못지않게 중요한 것이 모임의 분위기와 참여자의 지속적인 관심을 이끌어내는 것이다.

특별한 모임이나 이미 헌신 된 지체들이 모이는 소그룹이 아니라면 첫 모임의 분위기에 주의를 기울여야 한다. 이제부터 소그룹 모임을 지속적으로 편안하게 이끌어가는 방법을 소개한다.

그라운드 룰 정하기

소그룹의 역동성과 지속성을 유지하기 위해서는 먼저 모든 사람의 의견을 수렴하여 규칙을 정하는 것이 좋다. 이때 멋있어 보이거나 너무 높은 기준을 설정하지 않도록 주의해야 한다. 모두 지킬 수 있을 만한 기준을 만들어야 구성원의 신뢰도가 높아지고 역동성을 경험할 수 있다.

다양한 방법으로 그라운드 룰을 정할 수 있지만, 한 가지 유용한 방법을 추천하자면 접착식 메모지(포스트잇)를 활용해 각자 이 모임에서 지켜야 한다고 생각하는 사항을 적는 것이다. 자신이 지키고 싶은 내용과 구성원이 지켜주었으면 하는 내용을 포함해 3가지 이상 적도록 한다. 그렇게 쓴 메모지를 한 군데 모아 비슷한 내용끼리 분류한다.

비슷한 내용은 상의하여 구체적인 문구 하나로 통합하고, 의견이 갈리거나 하나로 모으는 데 시간이 너무 오래 걸릴 때는 투표로 결정하는 것이 좋다. 토론이 길어지면 자칫 말을 잘하거나 목소리가 큰 사람의 의견 위주로 결정될 수 있기 때문이다.

분류한 의견들을 보고 각자 채택하고 싶은 내용 3가지를 골라 표시하도록 하고 그중에서 대략 5-7가지 의견을 모두가 볼 수 있도록 써서 붙이거나 모두 모인 SNS 그룹이나 단체 메시지방에 올려 자료로 남긴다.

이때 리더는 투표에서 빠지는 것이 좋다. 구성원들이 스스로 지킬 약속을 결정하도록 하고 "여러분이 선택하여 지키고 싶은 약속은 다음과 같습니다"와 같이 안내를 해주는 정도로 참여하면 된다.

소그룹 그라운드 룰에 등장하는 약속들은 다음과 같다.

- 소그룹에서 나눈 사적인 이야기에 대한 비밀 유지
- 모임 약속 지키기(모임 시작 10분 전 도착 / 적용과제 실천 등)
- 모임 때 한 사람도 빠짐없이 발언하기
- 상대방의 의견 끝까지 경청하기
- 모임 때마다 지체들이 잘한 점 인정/칭찬하기

- 어떤 의견도 비난하지 않기
- 휴대폰은 진동모드 혹은 전원 꺼두기
- 모임과 지체들을 위해 하루 1분 이상 기도하기
- 모임 전에 한 번 이상 서로에게 안부 묻기

모임 초기에는 매번 그라운드 룰을 상기시켜 습관화될 수 있도록 하는 것이 좋다. 잘 지켜지지 않는 부분에 대해서는 모임을 마무리하는 시점에 리더가 질문을 통해 지킬 수 있는 방법을 함께 찾는 시간을 갖는다. 예를 들어 휴대폰 전원 끄는 것을 잘 잊는 경우 "어떻게 하면 시작 전에 휴대폰을 확인할 수 있을까요?"라고 모두에게 공통 질문을 던지는 식이다. 잘 못 지키는 사람에 대한 언급은 되도록 피하고 해당 항목에 초점을 맞추어 질문하는 것이 중요하다.

아이스 브레이크

소그룹 모임이 원활하게 이루어지기 위해서는 다루는 내용도 중요하지만 편안한 분위기가 먼저 조성되어야 한다. 때문에 소그룹 리더들은 모임 시작 전에 어떻게 분위기를 부드럽고 편안하게 만들지에 대한 고민이 크다. 일반적인 모임에서 주로 사용하는 '아이스 브레이킹'을 적용하면 비교적 쉽게 좋은 분위기로 모임을 시작할 수 있다.

아이스 브레이크의 가장 큰 기능은 구성원의 관심을 모으는 것이다. 아이스 브레이크는 긴장을 풀고 각자 자신에게 고정되어 있는 관심을 다른 구성원들과 나누어 편안한 마음을 갖게 한다. 이는 무겁고 어색한 분위기 해소를 위해 꼭 필요한 과정이다. 이 과정은 놀이나 성경공부의 워밍업이 아니기 때문에 단순한 분위기 개선에 머물러서는 안 된다. 좋은 아이스 브레이크 주제는 본문과 연결된다. 구성원들이 소그룹에서의 공감대를 형성하게 하는 데 그 목적이 있으므로 단순한 놀이로 그치지 않도록 주의해야 한다.

모임 초반에는 서로를 알아가는 단계로 사용하되 어느 정도 친밀감이 형성되기 전이므로 지극히 개인적인 접근은 피하고 긍정적이며 서로 나누기 편한 주제로 구성하는 것이 좋다.

아래 아이스 브레이크를 진행할 때 활용할 수 있는 질문들을 몇 가지 소개한다.

- 초등학생 시절, 가장 기억에 남는 추억은?
- 지난 한 주 동안의 일 가운데 감사했던 한 가지는?
- 가장 좋아하는 성경 인물은 000입니다. 이유는…
- 고향을 생각하면 가장 좋은 추억은?
- 처음 교회에 나왔을 때 가장 좋았던 것은?
- 좋아하는 찬송가와 그에 얽힌 에피소드는?
- 우리 교회를 소개할 때 이야기하고 싶은 장점은?
- 소그룹을 시작하면서 가장 기대가 되는 것은?

주제가 있는 내용으로 아이스 브레이크를 할 때 다룰 수 있는 질문들에는 다음과 같은 것들이 있다.

기도 - 하나님께 단 하나의 기도만 응답받을 수 있다면 무엇을 기도하겠
　　　는가?
전도 - 나만의 전도 방법이 있다면? 믿지 않는 자들이 처음으로 복음을
　　　접할 때 어떻게 하면 존중받고 있다고 느낄까?
말씀 - 가장 좋아하는 성경 구절은 무엇이며 그 이유는 무엇인가?
찬양 - 하나님의 임재를 느꼈던 찬양은 무엇인가?
교제 - 누군가 알아줬으면 하는 부분이 있다면?
선교 - 가장 가보고 싶은 선교지는? 현지인과 해보고 싶은 것이 있다면?
가정생활 - 우리 가정의 가훈은? 가정을 이룬다면 만들고 싶은 가훈은?
직장 - 직장에서 그리스도인답게 살아가기 위한 나만의 원칙은?
자녀 양육 - 내가 자녀라면 부모에게 어떤 말을 듣고 싶은가?

소그룹 모임 때마다 지난 한 주간 감사했던 부분에 대해 나누는 것도 좋
다. 지난 한 주간의 삶 가운데 감사로 시작하는 것은 서로에게 도전이 되
기도 한다. 무엇보다 하나님의 뜻을 이루는 것이 감사이기 때문이다(살전
5:16).

감사의 내용을 듣고 난 후 칭찬 샤워를 하는 것도 도움이 된다. 나의 감
사 내용에 대해 구성원들이 칭찬을 한마디씩 하고 그중에서 가장 마음에
드는 내용으로 셀프 칭찬까지 하면 분위기가 훨씬 좋아진다.

02
소그룹에서의 경청

하나님께서 이스라엘 백성에게 삶과 신앙에 대한 당부를 하시면서 제일 먼저 하신 말이 "들으라"였다.

> ⁴ 이스라엘아 들으라 우리 하나님 여호와는 오직 유일한 여호와이시니 ⁵ 너는 마음을 다하고 뜻을 다하고 힘을 다하여 네 하나님 여호와를 사랑하라
>
> _신 6:4-5

하나님께서는 이스라엘 백성이 일상에서도 하나님의 말씀에 순종하기를 원하셨다(신 6:4-9). 그들이 어디에 있든지 무엇을 하든지 귀를 열어 하나님

을 주목하는 것이 하나님이 그들에게 요구하신 뜻이었다. 하나님을 사랑하고 순종하는 일의 출발점은 바로 듣기였다. 우리는 삶의 모든 영역에서 하나님의 뜻을 들어야 한다. 이스라엘 백성은 집에서, 자녀들에게, 누워 있는지, 일어나 있든지 하나님의 말씀을 들어야 했다. 그들은 결국 인간이 가장 일상적인 시간과 장소에서 경청과 관조를 통해 하나님을 떠올리게 됨을 알게 되었다.[1]

우리의 일상은 우리를 향한 하나님의 음성이 들리는 장소다. 일상 속에서 먼저 하나님의 뜻을 듣고 주의 이름으로 모였을 때 그동안 자신에게 들려주신 하나님의 뜻을 서로 나누고 점검하면 그 소그룹은 풍성해진다.

사회생활을 할 때도 경청하는 능력은 중요하다. 수많은 소리가 난무하는 시대에 사람의 마음을 얻는 것은 다름 아닌 경청이다. 적극적 경청은 말하는 사람의 이야기를 비판하거나 판단하지 않고 그대로 수용해 상대방의 감정을 이해하려고 노력하는 의사소통이다.[2] 상대방의 이야기뿐만 아니라 존재 자체에 귀 기울여 경청하기 시작한다면 그 관계에서 일어나는 일은 서로의 삶에 생각보다 큰 영향을 미칠 것이다.

경청은 하나님을 향한 경청, 나를 향한 경청, 타인을 향한 경청으로 나눌 수 있다.

1. 하나님을 향한 경청

어떤 성격의 소그룹이든 주님의 이름으로 모이는 곳의 중심에는 하나님

---

1 키스 앤더슨, 김성웅 역, 《경청의 영성》(2017, 넥서스CROSS), p. 90.
2 이희경, 《코칭입문》(2005, 교보문고), p. 75.

의 말씀이 있어야 한다. 모임에서 성경을 다루는 시간이 많지 않더라도 모임의 나침반은 항상 말씀을 향해 있어야 한다. 소그룹 구성원들이 평소 말씀을 듣는 훈련이 잘 되어 있을수록 모임 가운데 하나님의 뜻이 풍성해지기 때문에 모임을 위해 먼저 개개인이 하나님을 향한 경청 훈련을 게을리하지 말아야 한다. 소그룹에서 성경 말씀을 나눌 때 나를 향한 하나님의 말씀에 대한 경청이 이루어지지 않은 채 진행하면 각자 자기의 옳은 소견(삿 21:25)만 난무하는 토론장이 될 수 있으므로 주의해야 한다. 일상을 하나님을 향한 열린 귀로 채워야 소그룹에서 무엇을 나누든 은혜를 끼칠 수 있다.

어떻게 하면 일상에서 하나님의 뜻을 듣고 깨달을 수 있을까? 다음 3가지 훈련을 통해 하나님을 향한 귀를 열 수 있다.

먼저 하나님 앞에서 침묵함으로 조용히 경청한다.[3] 우리는 수많은 정보와 소리들 속에 묻혀 살아간다. 그 분주함 속에서 때로는 길을 잃어버리기도 한다. 그러므로 우리가 침묵의 시간을 갖고 하나님 앞에 나아가 잠잠히 머물지 않으면 하나님께서 말씀하실 공간을 만들 수 없다. 영혼을 잠잠히 하는 연습은 바삐 사는 것을 미덕으로 여기는 세상의 사고방식에 대항하는 일이다. 그 저항을 물리치고 하나님의 임재를 추구하는 연습을 시작한다면 익숙한 소리들에 묻혀 들리지 않던 하나님의 소리를 내 삶에 꺼내놓을 수 있을 것이다. 마치 수많은 라디오 방송국이 있지만 주파수가 맞아야만 원하는 소리를 들을 수 있듯 일상에서 보여주시는 하나님의 뜻을 찾기 위해서는 일상의 공간을 하나님께 드려야 한다.

두 번째는 말씀 묵상 훈련이다. 그 중요성 때문에 많은 교회에서 큐티 혹은 묵상 훈련을 활발히 진행하기도 한다.

---

3 브루스 디마레스트, 김석원 역, 《영혼을 생기 나게 하는 영성》(2004, 쉴만한 물가), pp. 161-167.

성경을 읽는 것은 듣는 것과 같다. 유진 피터슨은 하나님의 계시를 받는 최초의 신체 기관이 보는 눈이 아니라 듣는 귀라고 말했다. 즉, 모든 성경 읽기가 하나님의 말씀을 듣는 것으로 발전되어야 함을 주장한다.[4]

어린 사무엘이 처음에는 하나님의 음성을 듣고도 분별하지 못했지만 "말씀하옵소서 주의 종이 듣겠나이다"(삼상 3:10) 하고 주님께 나아간 것과 같은 태도로 말씀 앞에 서야 한다. 말씀 묵상에 대한 좋은 책[5]과 세미나를 통해 성도들이 도움을 받을 수 있도록 하는 것도 좋다.

마지막으로 성경을 소리 내어 읽는 것을 추천한다. 성경공부나 제자훈련을 준비할 때 교재에 있는 질문에 답을 찾는 것보다 중요한 것이 본문을 소리 내어 읽는 것이다. 성경 본문을 큰 소리로 읽는 것은 하나님의 음성을 듣는 훈련인 동시에 경청의 가장 훌륭한 연습이다.

하나님이 지금 내게 말을 거신다고 생각하고 집중해서 읽고 들으면 아브라함에게 들려주신 언약의 말씀을, 모세에게 들려주신 부르심의 과정을, 엘리야에게 들려주신 세미한 음성을, 예루살렘에서 외치던 예수님의 말씀을 생생하게 들을 수 있다. 때로는 음성파일로 된 성격 듣기 프로그램을 이용하는 것도 좋은 방법이다.

2. 나를 향한 경청

성경을 읽을 때 중요한 것은 말씀을 통해 하나님의 뜻을 아는 것이다. 그

---

4 유진 피터슨, 양혜원 역, 《이 책을 먹으라》(2006, IVP), p. 158.
5 김명호, 고상섭, 박희원, 《삶의 변화를 돕는 귀납적 큐티》(2020, 넥서스CROSS)와 김도인, 《설교와 묵상》(2020, CLC)을 추천한다.

런 다음 내 안에서 공명하는 하나님의 말씀에 대한 반응인 나의 소리를 듣는 것이다. 하나님의 뜻이 우리 가운데 거하면 우리 영혼은 내면에서 다양한 소리를 내게 된다. 생각의 전환이 일어나거나 생각지 못한 감정의 변화가 일어나기도 한다. 과거와 현재와 미래에 관한 생각이나 계획이 떠오르기도 한다. 그럴 때 잠잠히 자신의 내면에서 들려오는 소리에 집중해야 한다. 사람들은 떠오르는 생각이나 감정이 하나님이 주신 것인지 사탄이 주는 것인지 아니면 자신의 욕심과 욕망에서 오는 것인지 구별하고 분별하는 것을 두려워한다. 하지만 말씀이 우리 가운데 임하면 생각과 영혼을 흔드는 것은 당연하다. 내면에서 일어나는 기쁨이 어디서 왔는지, 말씀에 반응하면서 무엇 때문에 불편한지, 어떤 부분에서 답답한지 등 나의 소리를 들어야 한다.

- 본문을 읽을 때 어떤 느낌이 드는가?
- 소그룹에서 토론할 때 떠오르는 내 생각은?
- 말씀을 적용할 때 반복되는 어려움은 무엇인가?
- 이 주제를 통해 내가 진정으로 갈망하는 것은 무엇인가?
- 하나님의 뜻 가운데 내 삶에서 조율해야 하는 부분은 무엇인가?
- 말씀을 통해 오는 기쁨은 하나님이 내게 무엇을 알려주시기 원하시는 것인가?

위와 같은 질문에 자신의 소리를 집중해서 듣다 보면 무엇 때문에 내가 말씀에 반응하는지 알게 된다. 베뢰아 사람들이 간절한 마음으로 말씀을 받고 성경을 상고했던 것처럼(행 17:10-15) 간절한 마음속에서 일어나는 하나님의 뜻을 들여다보기 위해 꼭 필요한 과정이다.

3. 타인을 향한 경청

성도 간의 대화에서 타인의 말을 진심으로 경청하면 말하는 사람은 듣는 사람의 모습에서 메아리가 되어 돌아오는 하나님의 뜻을 알게 된다. 그렇기 때문에 하나님께서는 소그룹 안에서 우리를 향한 뜻을 알려주시고 우리가 그것을 경험하기 원하시는데, 바로 그 경험을 하는 데 꼭 필요한 동역자가 소그룹 지체들이다.

경청의 중요한 원칙 중 하나는 태도다. 예수님은 아무리 분주하고 힘들어도 사람들의 이야기에 귀를 기울이셨다. 그 대상은 누구든 상관없이 그렇게 하셨다. 당시 인간 이하의 대접을 받던 사람들의 이야기도 마치 그 사람만을 위해 존재하시는 것처럼 귀를 기울이셨다. 타인을 향한 경청은 듣는 기술보다 마음가짐, 즉 태도가 중요하다.

교회에서든 사회에서든 남의 이야기를 듣는 일은 쉽지 않다. 특히 서열 문화가 강한 한국사회에서는 윗사람은 정답을 주기 위해 듣고 아랫사람은 정답을 듣기 위해 듣는 수동적 듣기에 익숙하다 보니 상대방의 속마음을 제대로 헤아리지 못하거나 자신의 마음을 표현하는 데 서투르다.

소그룹 안에서도 직분이나 연령층이 다양하게 섞여 있으면 질문하고 경청하는 것이 쉽지 않기 때문에 그라운드 룰을 만들고 라포 형성을 하는 것이 중요하다. 그렇게 경청의 태도를 갖춘 이후 기술을 익혀야 한다.

경청할 때 익혀야 할 방법에는 집중해서 듣기, 내용파악, 감정 파악 및 반사 등이 있다.[6] 우선 집중해서 듣는 것이 선행되어야 한다. 말하는 속도보다 듣는 속도가 더 빠르기 때문에 이야기를 듣는 중에 다른 생각에 빠지는 경우가 많다. 때로는 들으면서 대답할 말을 생각하다가 제대로 듣지 못하기도

---

6 김영기, 《코칭대화의 심화역량》(2014, 북마크), pp. 103-106.

한다. 경청은 집중하여 상대방의 이야기를 듣는 것으로부터 출발한다. 이야기를 들을 때는 이 세상에 오직 지금 나에게 이야기하는 상대방만 존재하는 것처럼 들어야 한다.

경청의 일차적 관심은 상대방이 말하는 내용에 있다. 내용을 제대로 파악하는 것이 중요하다. 이해되지 않거나 아리송한 부분이 있으면 내용을 정확히 파악하기 위한 질문을 해야 한다. 내용 파악이 제대로 되었는지 확인하는 방법은 상대방의 이야기를 듣고 짧은 문장으로 정리해서 되묻는 것이다. "조금 전 말씀하신 내용을 … 이렇게 들었는데 제가 제대로 이해했나요?" 혹은 "…을 말씀하신 거죠?"라고 확인 질문을 해보는 것으로 상대방이 말한 내용을 정리할 수 있다.

경청에서 중요한 것은 감정을 파악하고 반응해주는 것이다. 말한 내용 못지않게 파악해야 할 것은 상대방의 감정이다. 대개 사람은 말하는 내용에 자신의 감정을 담아 이야기한다. 경청하면서 말하는 사람의 감정이 어떤지를 파악하면 내용의 해석도 달라진다. 따라서 평소에 말하는 사람이 어떤 감정이나 욕구를 가지고 이야기하는지 알아차리는 연습을 많이 해야 한다.[7]

상대방의 감정을 공감해주는 것이 경청의 마침표다. 소그룹 나눔에서 누군가 신앙생활의 어려움을 이야기하면 어떤 이는 믿음이 부족하다거나 다른 사람들도 다 겪는 일이라며 이렇게 해보라고 쉽게 답을 준다. 사실 모임에서 답을 얻기 위해 삶을 나누는 경우는 많지 않다. 다들 공감받기를 원하는 것이다. 이때 감정에 공감하며 반응하면 어떤 답을 주는 것보다 큰 힘을 얻게 된다. 직장에서의 어려움이나 육아를 하면서 신앙 생활하는 어려움을 이야

---

7 대화 중에 감정단어나 욕구에 대한 이해를 연습하기 좋은 책을 소개한다. 마셜 B 로젠버그, 캐서린 한 역, 《비폭력대화》(2007, 바오). 박재연, 《나는 왜 네 말이 힘들까》(2020, 한빛라이프).

기할 때 "많이 어려운 상황인데도 소그룹에 참석하여 하나님께 자신을 드리는 OOO의 모습에 도전이 됩니다"라고 인정만 해주어도 힘을 낼 수 있다.

앞서 경청을 할 때 비언어적 표현도 들어야 한다고 했다. 비언어적 표현에서도 반응이 중요하다. 적극적으로 경청하고 있다는 걸 상대방이 알아차린다면 상대방은 더욱 안정감 있고 편안하게 자신의 이야기를 솔직하게 할 수 있다. 소그룹에서 사용할 수 있는 반응들은 다음과 같다.[8]

언어적 반응

- "형제(자매)님은 …라고 느끼시는군요."
- "형제(자매)님은 …라고 생각하는 것 같습니다."
- "다른 말로 하자면 …이야기하시는 거죠?"
- "네!" "그렇군요!" 등의 적절한 추임새를 사용한다.

비언어적 반응

- 말하는 사람을 향해 바로 앉는다.
- 시선을 적절히 맞추며 수시로 미소를 짓는다.
- 고개를 끄덕여 인정 및 동의를 표현한다.

이렇게 상대의 말에 반응만 잘해도 상대방은 자신의 이야기에 경청하고 있다고 느껴서 마음을 열고 깊은 마음속 이야기까지 나눌 수 있게 된다. 경청은 타인을 위한 배려인 동시에 코이노니아를 경험하는 모든 부분에 해당되는 중요한 태도다.

---

8 이희경, 《코칭입문》(2005, 교보문고), p. 78-79.

03
소그룹에서의 질문

경청과 질문은 동전의 양면과 같다. 경청이 잘되면 좋은 질문이 나온다. 하지만 경청을 잘하고 나서도 의외로 질문을 어려워하기도 한다. 중간에 의문점이 있어도 질문하는 것을 어려워하는 경우가 많다. 잘 이해했고 상대방의 말에 동의했으니 더는 질문하는 것이 어색하다. 하지만 소그룹모임에서 경청과 질문은 코이노니아를 경험하는 데 중요한 두 기둥이다.

질문을 어떻게 하느냐에 따라 답이 달라지므로 질문은 자각과 책임감을 일깨우는 좋은 수단이다.[9] 질문하는 순간 질문을 듣는 사람들은 생각하기 시작한다. 그리고 자신의 생각을 정리한다. 좋은 질문은 좋은 생각을 이끌

---

9 존 휘트모어, 김영순 역, 《성과 향상을 위한 코칭 리더십》(2007, 김영사), p. 67.

어낸다. 특히 리더일수록 소그룹에서 어떤 질문을 해야 하는지 연습하고 또 연습해야 한다.

질문에도 경청과 마찬가지로 세 가지가 있다.

1. 성경을 향한 질문

성경을 읽으면서 떠오르는 많은 생각들을 질문으로 변환하면 좋다. 이때 우선 성경 양식별로 질문을 다르게 하는데, 예를 들어 이야기체는 인물과 사건을 중심으로, 서신서 본문은 논리와 논증 및 설명 중심에서 무엇을 의미하는지 질문을 한다. 시가서 역시 본문 특성상 시적 질문을 토대로 접근하면 좋다. 사역자들은 귀납적 성경연구나 주제별 성경공부를 통해 이런 훈련이 잘 되어 있다.[10] 무엇을 질문해야 할지에 대한 부분들은 이미 시중에 나온 성경공부 교재에서 나오는 질문들을 공부해보면 좋다.[11]

소그룹 인도자들은 특히 성도들의 눈높이에서 질문하는 연습을 많이 해야 한다. 성경 읽기를 성도들의 삶의 정황에서 바라보면서 그들의 눈으로 질문할 때 소그룹 나눔의 풍성함을 가져올 수 있다. 성경을 읽을 때 항상 성도들이 이 본문을 읽고 무슨 질문을 할지 고민하면서 읽어보자. 성도들의 눈높이에서 질문하는 연습 방법 중 하나는 시간을 내어서 함께 성경을 읽는 것이다. 읽는 도중에 관찰 질문과 의미 질문 그리고 적용 질문 등을 함께 만들다 보면 어느 정도 감이 잡힐 것이다. 소그룹을 인도할 때도 본문을 읽

---

10 각 성경별 읽기의 좋은 안내서를 소개한다. 고든 D 피 더글라스 스튜어트, 길성남 역, 《책별로 성경을 어떻게 읽을 것인가?》(2010, 성서유니온).

11 성경을 향한 질문연습 방법으로 좋은 교재들을 학습하는 것이다. 추천하는 교재로 국제제자훈련에서 나온 옥한흠 목사의 제자훈련 교재 시리즈와 다락방 성경공부 교재 시리즈(DMI)와 이대희 목사의 《30분 성경공부》(엔크리스토) 교재시리즈는 하브루타 방식의 질문 방법을 익힐 수 있다.

고 각각 질문을 하나 이상씩 만들어보도록 한다. 그리고 성도들의 눈높이에서 하는 질문들을 잘 다듬어서 다시 만들면 큰 자산이 된다.

2. 나를 향한 질문

우리는 성경을 공부하거나 제자훈련을 받을 때, 마치 학교 공부를 하거나 입사 시험을 보듯 한다. 열심히 하는 것도 좋지만 자신에게 질문을 던지는 시간도 필요하다. 성경을 깊이 읽다 보면 성경이 나를 읽는 시간이 온다. 그때가 바로 나를 향해 질문을 던질 타이밍이다. 때로는 다른 사람들의 나눔을 경청했던 내용을 기초로 나에게 질문을 던져야 한다.

- 상대방의 질문이나 대답을 들을 때 떠오르는 나의 생각은 어디서 오는 걸까?
- 조금 전 들었던 이야기에 마음이 불편한데 무슨 이유일까?
- 나는 저 상황이라면 어떻게 반응할 것인가?
- 상대방이 들려주는 하나님의 뜻이 나에게는 어떤 의미가 있는가?
- 상대방이 깨달은 점과 나의 생각은 어떤 면에서 일치하고 어떤 면에서 다른가?
- 오늘 모임에서 나온 하나님의 뜻을 통해 나는 무엇을 선택하고 결정해야 하는가?
- 이 모임에서 나눠지는 이야기들을 통해 내 삶에서 피해야 할 것은 무엇이며 집중해야 할 것은 무엇인가?

3. 타인을 향한 질문

소그룹 나눔에서 더 풍성한 진리를 깨닫는 순간은 지체들이 하나님의 뜻을 함께 찾아가는 과정 중에 일어난다. 그들이 심사숙고한 하나님의 뜻을 들으면서 좀 더 호기심을 가지고 질문을 한다면 우리를 향한 하나님의 뜻을 더 풍성히 경험할 수 있다.

이때 직접적으로 "왜?"라는 질문을 사용하기보다는 아래 예시처럼 "무엇" 혹은 "어떻게"라고 변환해 질문하는 것이 좋다. "왜?"라는 질문은 자칫 따지는 느낌이 들 수도 있기 때문이다.

아래 예시가 도움이 될 것이다.

- …라고 말씀하셨는데 무슨 뜻인지 궁금합니다.
- 좀 더 자세히 말씀해주세요.
- 지금 하신 말씀이 삶에서 어떻게 적용될 수 있을까요?
- 그 말씀이 당신에게 어떤 영향을 끼쳤나요?
- 어떻게 하면 상황이 달라질 수 있을까요?
- 그 말씀이 현실에서 어떤 모습으로 나타났으면 좋겠나요?
- 말씀을 깨달았을 때의 느낌은 어떤가요?
- 만약 저라면 그 상황에서 어떻게 하는 게 좋을까요?

04
소그룹 나눔 유의사항

소그룹을 인도하다 보면 지각하거나 중간에 탈락하는 사람 혹은 모임이 끝나기 전에 먼저 가는 사람들 등 많은 돌발 상황이 발생한다. 그리고 소수가 이야기를 독점하거나 말 한마디 하지 않고 머물다 가는 사람들도 있다. 몇 가지 유형을 나누어 그에 따른 방안을 살펴보겠다.

1. 이야기를 독점하는 사람들은 어떻게 할까?

소그룹 모임 시간 내내 한마디도 하지 않는 사람이 있으면 난감하다. 이보다 더 난감한 경우는 모임을 소수의 사람이 주도하는 경우다. 이럴 때는 지금까지 좋은 생각들을 많이 이야기해 주셔서 감사하다고 먼저 이야기를 한 후 "이제 다른 사람들의 의견은 어떤지 들어보는 것은 어떨까요?" 혹은 "그라운드 룰에 따라 오늘 이야기해보지 못한 사람들의 이야기를 다 들어본 후 다시 이야기 나누는 것은 어떨까요?"라며 그라운드 룰을 언급하는 것이 좋다.

또 다른 방법은 도구를 사용하는 것이다. 주사위나 손에 잡힐 만한 도구들(작은 통, 머그잔 등)을 중앙에 놓고 그것을 잡았을 때만 이야기할 수 있도록 한다. 도구를 가지고 있는 사람이 이야기할 때는 다른 사람들은 듣기만 한다. 단 도구를 가지고 이야기하는 횟수와 시간은 모두의 동의하에 제한을 둔다. 이때 남은 시간이나 횟수에 대해서는 리더보다는 타임키퍼 역할을 맡은 사람이 말하도록 한다. 이야기를 독점하는 사람들도 이런 방법을 사용하면 스스로 도구를 자주 가져가는 자신의 모습을 볼 수 있고 타임키퍼의 제한에 스스로 깨닫게 되기도 한다.

2. 침묵하는 사람들은 어떻게 할까?

소그룹에서 말이 많은 사람 못지않게 어려운 사람이 시종일관 침묵하는 사람들이다. 묻는 말에라도 대답하면 좋지만 별로 할 말이 없다고 하면 난감하다. 그런 경우 대개 다른 걱정이 있거나 다른 사람들 앞에서 이야기하는 것을 어려워하기 때문이다. 이럴 때는 억지로 시키지 말고 바로 옆 사람과 짝지어서 2명씩 나누도록 한다. 그리고 자신이 들은 상대방의 이야기를 전체에게 소개해주면 된다. 자신의 이야기를 나누거나 말하는 것은 소극적이지만 자기가 들은 내용을 대신 이야기하는 것은 좀 더 수월하기 때문이다.

소그룹 교재가 있다면 내용을 읽어달라고 부탁하는 것도 좋은 방법이다. 자신의 생각을 정리해서 이야기하는 것은 긴장되지만 교재의 내용을 읽거나 성경 구절을 읽는 것은 상대적으로 쉽기 때문이다.

3. 마무리는 어떻게 할까?

성경공부든 제자훈련이든 모든 소그룹을 잘 마무리하는 것은 중요하다. 이때 가이드가 있으면 나눔의 시간도 풍성해질 수 있다. 대개 3가지 큰 틀에서 이야기를 나누며 마무리한다.

먼저 소그룹 모임을 통해 배운 점이 무엇인지 나눈다. 이때 하나님의 뜻과 성경에 대해 새롭게 배운 점, 깨달은 점이 무엇인지 혹은 소그룹에서 나온 내용을 가지고 새로운 생각을 하게 된 것은 무엇인지를 중심으로 나눈다.

두 번째로 느낀 점을 나눈다. 소그룹 시간 동안 느낀점, 즉 자신의 반응이나 소그룹 지체들의 나눔에서 새롭게 느낀 점과 말씀이나 주제에 대해 느낀 점을 자유롭게 표현하도록 시간을 준다.

마지막으로 소그룹에서 나눈 내용과 느낀 점을 통해 실천할 점이 무엇인지 나눈다. 결국 소그룹을 통해 얻고자 하는 것은 우리 모두 그리스도의 장성한 분량에 이르는 것이며 예수님의 제자로 살아가기 위해 하나님의 은혜 안에서 무엇에 순종할지를 결단하는 것이다. 다음 모임 때까지 무엇을 실천할지 구체적으로 생각하여 나누고 함께 기도하면 좋은 마무리가 될 것이다.

이때 위 3가지 단계를 먼저 교재나 메모지에 정리한 후 두 사람씩 나누게 하면서 자신의 말로 정리한다. 마지막으로 그중에서 중요하게 생각한 한 가지를 전체 앞에서 나누어도 좋다. 나누는 사람은 "제 이야기를 경청해 주셔서 감사합니다"라고 말하고 듣는 사람은 "은혜로운 이야기 들려주셔서 감사합니다"라고 화답하도록 하면 나눔의 분위기가 더욱 풍성해진다.

05
소그룹의 집단지성 활용

철이 철을 날카롭게 하는 것 같이 사람이 그의 친구의 얼굴을 빛나게 하느니라 _잠 27:17

때로는 소그룹에서 한 가지 주제로 깊이 있게 토론하는 시간도 필요하다. 교회 소그룹에서 중요한 결정을 하거나 성경의 적용점을 토론할 때 모두의 지혜를 모을 수 있도록 집단지성을 발휘하면 좋다.

코칭에서 기본적으로 활용하는 'GROW' 모델을 적용하면 좋다. 존 휘트모어가 만든 GROW 모델은 일반 코칭에서 주로 사용되는 코칭 대화 모델이다. 일반적으로 개인 코칭에 주로 사용되지만, 소그룹에서 전체가 하나의 주제로 토의하거나 문제를 해결하려 할 때 좋은 가이드가 될 수 있다. 모델에 대해 간략히 설명하면 다음과 같다.[12]

▶ Goal : 코칭의 단기 및 장기 목표설정
　　　　– 얻고자 하는 것이 무엇인지를 파악

- 중요한 과제는 무엇인가요?
- 어떻게 되기를 바라는지요?
- 목표는 어떤 의미가 있는지요?

▶ Reality : 현재의 상황을 파악하는 현실, 즉 현상 확인
　　　　– 현재의 원인, 가정, 전제, 욕구를 파악

- 그 일이 해결되면 어떤 영향을 가져오나요?
- 현재 상황은 어떤가요?
- 이 일을 해결하기 위해 그동안 어떤 노력을 해왔나요?

▶ Option : 가능한 대안과 다른 전략 혹은 행동파악
　　　　– 목표와 현실 사이를 좁히는 방안과 우선순위를 정하고 파악

- 어떤 행동을 먼저 시도하고 싶은가요?
- 생각만 하고 시도하지 않은 것 중 시도해보고 싶은 것은 무엇인가요?

---

12 존 휘트모어, 김영순 역, 《성과 향상을 위한 코칭 리더십》(2007, 김영사), pp. 82–135.

• 만약 이루어졌다면 무엇 때문에 이루어졌나요?

▶ Will : 언제 누구에 의해 무엇이 행해지는가?
　　－실행 의지 확인 및 파악

• 지금까지 나온 방안 중 가장 해보고 싶은 것은 무엇인가요?
• 선택한 방안을 언제/어떻게 시행할지 정리해주시겠어요?
• 실행이 이루어졌다는 것을 어떻게 확인할 수 있나요?

위의 모델을 응용하여 소그룹에서 프로세스를 따라가면서 함께 질문하고 함께 생각해본다. 진행방법은 다음과 같다.

먼저 큰 종이나 도화지 정도 크기의 종이를 준비하고 구성원들은 접착메모지를 준비한다. 질문에 따라 생각할 시간을 준다. 이때 한 가지 질문에 대략 5분 정도의 시간을 주며 타임키퍼를 정해서 1분 정도 남았을 때 남은 시간을 알려준다. 접착메모지에 자신만의 생각을 정리하여 문장으로 적은 다음 질문 공간에 붙인다.

주제와 목표	현재 상태
대안들	실행방법

소그룹에서 이야기할 주제와 관련 목표들을 각자가 3가지 정도 써서 붙인다. 예를 들어 소그룹에서 성경 읽기에 대해 나누었다면 성경 읽기에 대한 공동의 목표들을 정해본다. 그런 다음 각자의 현재 상태는 어떤지 적어본다. 이때 먼저 적어 놓은 다른 사람들의 생각들도 참조하여 수시로 생각하고 적으면서 붙인다. 그런 다음 대안들과 실행방법 순으로 적어서 붙인 후 마지막에 나온 실행방법은 투표로 결정하면 된다.

소그룹모임 장소에 접착메모지를 붙일 수 있는 넓은 공간이 있다면 주제와 목표-현재 상태-대안들-실행방법 순으로 붙인다. 모두가 각 공간 앞에서 생각하고 이야기 나누며 적어서 붙인다. 이렇게 적당한 거리를 두고 내용을 볼 수 있다면 저마다 생각의 흐름과 참여자들의 생각을 종합할 수 있다. 즉 참여자 모두가 전체를 한눈에 다시 보면서 새로운 생각이 촉발되거나, 논의 과정에서 새로운 인식과 효율적인 결론을 찾게 된다.

소그룹을 인도하는 것은 쉽지 않다. 공동체 그리고 소그룹마다 색깔이 다르기 때문이다. 하지만 모임마다 하나님이 함께하시고 주 안에서 코이노니아가 이루어지기를 위해 기도하고 고민한다면 시간이 갈수록 연합하여 그리스도의 장성한 분량에까지 이를 것이다. 인도자는 소그룹에 참여한 사람들이 서로 연합하여 그리스도의 한 몸을 이루고 예수님의 제자로서 함께 성장하는 것을 경험할 때 섬김의 기쁨을 느끼는 것이 아닐까? 하나님께서 바로 그 일을 위해서 우리를 부르셨고 오늘도 우리를 사용하신다. 우리와 함께 기쁨을 나누시기 위해서 말이다.

소그룹 모임 체크 리스트

인도자는 매주 소그룹 모임을 떠올리면서 다음 점검표를 확인해보세요.

☐ 정해진 모임의 순서에 따라 진행하고 있다.

☐ 모임을 통해 참여자들이 그리스도의 임재를 경험하고 있다.

☐ 모임을 통해 참여자들이 회복을 경험하고 있다.

☐ 모임을 통해 참여자들의 신앙이 성숙하고 있다.

☐ 참여자들이 아이스 브레이크 시간을 즐거워하고 있다.

☐ 아이스 브레이크는 쉽게 나눌 수 있는 내용을 선택하고 있다.

☐ 다양한 방법으로 환영의 시간을 갖고 있다.

☐ 준비된 교안에서 참여자들의 상황에 맞게 나눔 질문을 선별하여
   인도하고 있다.

☐ 나눔 시간에 먼저 각자가 말씀을 적용하며 하나님을 경험했던 이야기를
   나누고 있다.

☐ 나눔을 통해 참여자들이 무엇보다 가치관의 변화를 추구하고 있다.

☐ 나눔을 통해 서로를 격려할 뿐 아니라, 때에 따라서 사랑 어린 권면도
   함께하고 있다.

☐ 참여자들이 다른 사람의 이야기를 적극적으로 경청하고 있다.

☐ 참여자들이 균등하게 나눔에 참여하고 있다.

☐ 나눔 후 자연스럽게 함께 기도하는 시간을 갖고 있다.

☐ 참여자들이 기도 제목을 이야기할 때 구체적인 내용이 언급된다.

☐ 기도 제목을 나누면서 서로에 대한 관심과 돌봄이 이루어지고 있다.

□ 합심 기도 시간에 모두 열정적으로 기도하고 있다.

□ 특별한 어려움을 당하고 있는 사람이 있을 경우 당사자를 위해 참여자가
　진지하게 기도에 참여하고 있다.

□ 정해진 시간에 모임이 시작되고 마치고 있다.

□ 모임을 마칠 때마다 서로에게 감사와 축복을 표현하고 있다.

□ 주중에도 서로 나눔의 적용점을 실천하도록 격려를 주고받고 있다.

□ 주중에도 서로를 위해 기도하고 있다.

□ 주중에 어려움 가운데 있는 구성원을 돌보고 있다.

□ 서로가 필요할 경우 언제든 함께 만나거나 전화로 말씀을 나누고
　기도하고 있다.

□ 구성원들이 다음 모임에 대한 기대를 표현하고 있다.

소그룹 리더가 가장 먼저 해야 할 일은
사람들을 적극적으로 수용하는 것이다.
모든 교육적 효과는 먼저 관계가 형성된 다음에 이루어지기 때문이다.
복음은 우리를 관용의 사람이 되게 한다.
우리 모두는 죄인의 자리에서 하나님께서 거저 주시는 은혜로
구원을 얻었기 때문이다.
그 용서의 경험이 다른 사람들을 품게 하는 것이다.

소그룹 리더십

서로 돌아보아 사랑과 선행을 격려하며

히브리서 10:24

01
소그룹 리더십의 필요성

《소그룹 중심의 교회를 세우라》의 저자 빌 도나휴와 러스 로빈슨은 소그룹에서 가장 중요한 것은 '소그룹 리더십'이라고 말했다. 소그룹 사역은 리더들의 수준에 따라 성장하거나 퇴보되기 십상이기 때문이다.[1] 그러나 정작 많은 소그룹 리더들이 소그룹 리더의 중요성에 대해 모른 채 리더 직분을 맡고 있다. 단지 교회 조직을 위해 몇 사람 관리하도록 맡겼다고 생각하는 경우도 있다.

교회는 왜 소그룹으로 모여야 하는 것이며 소그룹 리더는 왜 필요한 것일까? 성경에 대한 전문적 지식이 없는 평신도 리더가 성경공부를 소그룹

---

1 빌 도나휴, 러스 로빈슨, 오태균 역, 《소그룹 중심의 교회를 세우라》(2003, DMI), p. 193.

에서 인도하는 것보다 성경을 잘 아는 목회자 한 명이 가르치는 것이 더 낫지 않을까? 그러나 소그룹으로 모여서 성경을 공부하는 것은 설교가 따라갈 수 없는 소그룹만의 고유한 무언가가 있기 때문이다. 물론 설교의 중요성을 간과해서는 안 되지만(설교가 없으면 소그룹은 방향을 설정할 수가 없다), 설교는 소그룹이 갖고 있는 역동성과 구체적인 삶으로 이끄는데 한계가 있다.

소그룹으로 모이는 이유는 '전인격적인 삶의 변화' 때문이다. 설교가 방향을 설정하는 것이라면 소그룹은 그 방향을 따라 살아갈 힘을 공급하는 곳이다. 설교가 불이라면 소그룹은 그 불이 지속해서 탈 수 있는 땔감을 준비하는 곳이다. 교회의 소그룹은 교회의 근간이라고 할 만큼 중요하다. 그래서 건강한 교회는 언제나 대그룹인 예배와 소그룹이 함께 균형을 이룬다.

가령 기도에 대한 은혜로운 설교를 들었을 때, 많은 사람에게 기도하고 싶은 욕구가 솟아날 것이다. 그러나 일주일을 살고 그다음 주에 와서 살펴보면 일주일 동안 기도를 실천하며 살았던 사람들은 그리 많지 않다. 우리는 설교를 듣고 그 내용과 방향에 맞게 소그룹에서 지속해서 실천할 수 있도록 격려하고 도와주어야 한다. 함께 기도하고 격려 받고 지지받는 공동체를 통해서 사람은 점점 변화되기 때문이다.

예배와 설교는 탁월한데 소그룹이 활성화되지 않는 교회를 본 적이 있는가? 만약 그런 교회가 있다면 사람들의 변하지 않는 삶으로 인해 설교의 강도가 점점 높아지게 될 것이다. 아무리 설교해도 사람들이 변하지 않기 때문에 설교자 안에 여러 가지 분노가 쌓일 수도 있을 것이다. 그것은 설교의 문제가 아니라 소그룹을 통해 삶의 실천을 연습할 장을 마련해주지 않았기 때문이다. 우리는 예배를 사모해야 한다. 그러나 동시에 소그룹도 사모해야 한다. 설교와 소그룹이 유기적으로 연결될 때 선포된 말씀은 우리의 삶 속에서 아름답게 변화된다.

릭 워렌은 《목적이 이끄는 삶》에서 다음과 같이 말했다. "많은 사람들은 목회자의 말을 제품을 잘 판매하는 외판원의 말처럼 듣지만, 평신도의 간증은 제품을 써본 사람들이 제품에 만족해하는 것처럼 듣는다."[2]

목회자가 3-4시간 기도하는 것은 성도들의 삶에서 그리 큰 도전이 되지 않는다. 그러나 나와 비슷한 환경에서 직장생활을 하는 성도가 매일 기도하고 큐티를 하는 것은 도전이 된다. 삶이 변화되는 좋은 문화를 가진 교회에는 보고 따를 만한 본이 되는 소그룹 리더들이 존재한다. 오늘날 교회에는 목사의 설교를 듣고 그렇게 살며 실천할 생활 선교사들이 필요하다.

소그룹 안에서 삶의 변화는 단순히 인간적인 관계가 끈끈하다고 이루어지는 것이 아니다. 인격과 인격이 만나 하나님의 말씀을 나누는 가운데 성령께서 역사하실 때 변화가 이루어진다. 여기서 말하는 인격과 인격은 단순히 리더와의 관계만을 말하는 것이 아니다. 하나님의 말씀이 서로 다른 이들과의 관계 속에서 역사하면서 변화가 일어나게 된다. 이것은 일대일 훈련을 통해서는 알 수 없는 소그룹 훈련이 주는 큰 유익이다. 일대일도 좋은 양육 프로그램이다. 다만 일대일 양육은 내용의 전달과 개인의 영적 성장에 긴밀하게 도움이 되지만 관계성 안에서 일어나는 다양한 깨어짐과 변화를 체험할 수는 없다. 그러므로 일대일 훈련만으로는 소그룹 훈련이 갖는 장점을 대치할 수 없다.

---

2 릭 워렌, 고성삼 역, 《목적이 이끄는 삶》(디모데), p. 379.

상호 책임 관계를 형성하라!

소그룹에서 삶이 변화되는 주된 요소 중 하나는 상호책임 관계를 형성하는 것이다(Accountability Group). 팀 켈러도 소그룹의 중요성에 대해 아래와 같이 언급했다.

> 사람들을 제자화 하는 또는 영적으로 훈련하는 주된 방법은 공동체 훈련을 통해서이다. 은혜, 지혜, 그리고 성품에서 성장하는 것은 수업과 강의, 그리고 대형 예배 모임, 또는 고독을 통해서 일어나지 않는다. 성장의 깊은 관계가 공동체에서 일어난다. 복음의 의미가 머리로 깨달아지고 삶으로 실현되면서 가능해진다. 이것은 다른 어떤 환경이나 장소가 제공하지 못하는 것이다.[3]

팀 켈러는 고독이라는 훈련보다 더 깊은 변화가 공동체 안에서 일어난다고 말했다. 소위 말하는 영성훈련을 개인의 경건을 위주로 훈련하는 경향이 있다. 그러나 사람은 관계 속에서 변화하는 존재다. 그래서 소그룹 리더의 가장 중요한 사역은 서로의 관계를 상호책임 관계로 연결해주는 것이다. 소그룹 초반에는 다들 서먹서먹한 관계여서 리더와 조원의 관계에 집중해야 한다. 그러나 일정 시간이 지나면 자연스럽게 서로서로 섬기고 도울 수 있도록 리더에게 집중되어 있던 관계를 서로에게 이양해줘야 한다.

서로 섬기고 돕는 소그룹 문화를 형성하려면 '격려'가 절대적으로 필요하다. 사람은 누구나 지지를 받는 안전한 공간 안에 있어야 자신의 내면에 있는 것들을 깊이 나누고 성장할 수 있다. 《내 아이를 위한 감정코칭》의 저

---

3 팀 켈러, 오종향 역, 《팀 켈러의 센터처치》(2016, 두란노), p. 651.

자 존 가트맨 박사도 어린아이의 상처 난 감정을 공감하고 지지한 다음에 행동에 대한 규칙들을 지도하라고 말한다. 이것은 어린아이뿐 아니라 모든 사람에게 공통으로 적용되는 이야기이다. 우리는 지지를 받는 사람이 있을 때 비로소 안정감을 누리고 성장과 변화의 동력으로 삼을 수 있다.

> 서로 돌아보아 사랑과 선행을 격려하며 모이기를 폐하는 어떤 사람들의 습관과 같이하지 말고 오직 권하여 그 날이 가까움을 볼수록 더욱 그리 하자 _히 10:24-25

히브리서 10장 말씀은 소그룹을 운영하는 데 있어 특히 중요하다. 서로 돌아보아 사랑과 선행을 격려하라 말씀하고 있다. 세상은 우리를 있는 모습 그대로 인정하지 않는다. 외모와 학벌, 실력과 재물, 직위와 점수를 통해서 사람을 평가한다. 초등학교에서부터 경쟁을 통해 다른 사람들보다 무엇인가를 더 잘해야 인정을 받는 곳이 사회다. 그런데 이 사회와는 전혀 다르게 있는 모습 그대로 인정하고 존중받을 수 있는 곳은 오직 한 곳, 교회의 소그룹이다.

사실 근본적으로는 가정이 그러한 곳이 되어야 한다. 그러나 가정에서도 성적 등 이런저런 기준으로 부모가 자녀를 다그치기도 하고, 있는 모습 그대로 받아주지 못하는 곳이 되고 말았다. 학교 교육도 마찬가지다. 각기 다른 재능과 관심을 가진 하나님의 형상인 사람을 획일한 교과 내용과 시험을 통해 점수를 매겨 등수를 나눈다. 점수 차이는 대학 진학에도 영향을 주고, 대학 졸업 이후에는 소득이 많은 사람들과 그렇지 않은 사람들의 경제 격차를 모두 개인의 책임으로 돌리는 사회가 되고 말았다. 참된 교육이란 하나님의 형상으로 지어진 한 사람 한 사람의 가치를 드러내며 인정하고 회복시키는 교육이어야 한다. 이런 사회 구조 속에 교회마저 학벌과 외모, 실력으로 사람을 대한다면 연약한 사람들은 세상 어디에서도 위로받을 수 없다. 우리의 소그룹은 하나님의 형상인 그 존재 자체로 사랑하고 격려하고 위로받는 곳이 되어야 한다.

그래서 소그룹 리더는 가장 먼저 사람들을 적극적으로 수용하는 것이 중요하다. 모든 교육적 효과는 먼저 관계가 형성된 다음에 이루어지기 때문이다. 복음은 우리를 관용의 사람이 되게 한다. 우리 모두는 죄인의 자리에서 하나님께서 거저 주시는 은혜로 구원을 얻었기 때문이다. 그 용서의 경험이 다른 사람들을 품게 하는 것이다. 소그룹 리더가 해야 하는 가장 중요한 일은 소그룹을 관용과 수용의 공동체로 만드는 것이다. 세상 그 어디에서도 받을 수 없었던 환영이 이곳에서 이루어져야 한다. 소그룹은 인생의 울타리 같은 안정감을 주어야 한다. 사람의 성장은 언제나 안정감이 확보된 다음에 이루어진다.

릭 워렌은 "하나님의 은혜의 정원 안에서는 심지어 부러진 가지도 열매를 맺는다"라고 말했다. 이런 안정감이 소그룹 안에 있어야 한다. 이곳에 있으면 부러진 가지도 열매를 맺게 된다. 칼빈은 기독교 강요에서 교회를 가리켜 "양육하는 어머니"라고 했다. 소그룹이 어머니의 품처럼 안정적일 때, 사람은 양육되는 것이다.

02
어떻게 양육해야 하는가?

소그룹이 끝나는 시간이 양육이 시작되는 시간

소그룹은 전인격적인 변화가 이루어지는 곳이다. 전인격적이라는 말은 인격과 인격의 만남을 통해서 이루어지는 변화를 말한다. 그래서 소그룹 리더가 해야 하는 가장 중요한 역할은 다름아닌 인격과 인격의 만남, 즉 일대일 만남이다.

건강한 소그룹은 모임 안에서 일대일 관계가 잘 유지된다. 예전에 방영한 TV 프로그램 중 〈TV는 사랑을 싣고〉라는 것이 있었다. 잃어버렸던 과거의 인연을 찾아주는 프로그램인데 유독 어릴 때 가르침을 받았던 선생님을 찾고 싶어 하는 사람이 많았다. 그 선생님들에게는 특징이 하나 있었다. 강의를 잘하거나 공부를 가르치는 스킬이 뛰어난 분들이 아니었다. 자신과 특별히 나눈 인격적인 교제나 사귐이 있는 분들이었다. 이처럼 결국 긴 시간이 흘러도 다시 보고 싶고 그리운 사람은 깊은 관계를 형성한 이다. 이것은 소그룹 리더가 반드시 기억해야 하는 대목이다. 우리가 소그룹으로 모이는 이유가 '전인격적 삶의 변화'이기 때문이다. 전인격적 삶의 변화는 소그룹 시간에 이루어지지 않는다. 이것은 소그룹 시간이 끝난 후 인격적인 만남이 이루어질 때 형성된다.

소그룹 시간에는 말하지 못했던 부분들도 일대일로 만나거나 소수의 모임에서는 이야기할 때가 있다. 그러므로 소그룹 리더는 '소그룹이 끝난 시간부터 양육의 시간'임을 잊지 말아야 한다.

소그룹 모임 시간에는 모두 갑옷을 입고 오지만 모임이 끝나는 시간은 무장이 해제되는 시간이다. 그 시간을 놓치면 양육할 수 있는 중요한 시간을 놓치게 된다.

소그룹 모임이 끝나면 티타임을 갖는 것이 좋다. 교회에서 벗어난 곳도 좋고 교회 안의 장소도 좋다. 우리 소그룹은 제시간에 마치지만 마치고 나면 늘 후속 모임이 있다는 것을 공지해야 한다. 처음에는 아무도 나타나지 않을 수도 있다. 그래도 소그룹 리더는 그 자리를 30분 이상 지키고 있다가 가는 것이 좋다. 아무도 모이지 않아도 매주 그런 시간이 확보되어 있다는 것을 공지하면 결국 누군가는 온다. 그때 소그룹 안에서 말할 수 없었던 개인적인 이야기를 듣는 것이 좋다.

이때 리더가 기억해야 하는 것이 또 한 가지 있다. 소그룹 리더는 그 황금 같은 시간을 자신이 말하는 시간으로 삼아서는 안 된다는 점이다. 질문을 통해 개인적인 이야기를 충분히 들을 수 있어야 한다.

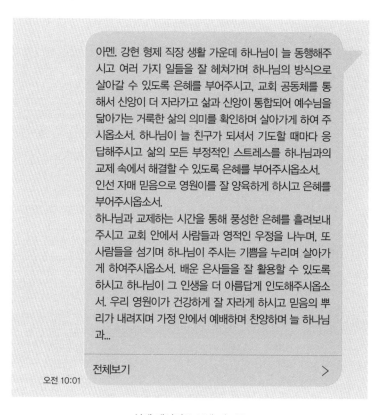

아멘. 강현 형제 직장 생활 가운데 하나님이 늘 동행해주시고 여러 가지 일들을 잘 헤쳐가며 하나님의 방식으로 살아갈 수 있도록 은혜를 부어주시고, 교회 공동체를 통해서 신앙이 더 자라고 삶과 신앙이 통합되어 예수님을 닮아가는 거룩한 삶의 의미를 확인하며 살아가게 하여 주시옵소서. 하나님이 늘 친구가 되셔서 기도할 때마다 응답해주시고 삶의 모든 부정적인 스트레스를 하나님과의 교제 속에서 해결할 수 있도록 은혜를 부어주시옵소서.

인선 자매 믿음으로 영원이를 잘 양육하게 하시고 은혜를 부어주시옵소서.

하나님과 교제하는 시간을 통해 풍성한 은혜를 흘려보내 주시고 교회 안에서 사람들과 영적인 우정을 나누며, 또 사람들을 섬기며 하나님이 주시는 기쁨을 누리며 살아가게 하여주시옵소서. 배운 은사들을 잘 활용할 수 있도록 하시고 하나님이 그 인생을 더 아름답게 인도해주시옵소서. 우리 영원이가 건강하게 잘 자라게 하시고 믿음의 뿌리가 내려지며 가정 안에서 예배하며 찬양하며 늘 하나님과...

전체보기 >

오전 10:01

실제 메시지로 보낸 기도문

요즘같이 바쁜 시대에는 카톡이나 인터넷을 통해서 자주 만나는 것도 도움이 된다. 매일 조원들을 위해 기도문을 올리는 것도 한 가지 방법이다. 기도 부탁을 받았을 때는 단순히 기도하겠다는 말보다 정말 기도문을 남기는 것이 좋다.

또 소그룹이나 인격적인 만남 후에 그 만남을 영적 성장 파일로 정리하는 것도 도움이 된다. 한 사람 한 사람을 체계적으로 양육하고 도우려면 주

먹구구식 양육으로는 부족하다. 그 사람과의 만남을 다 기록해 두면 그 사람을 훨씬 잘 도울 수 있게 된다. 과거와 현재를 바라보면 그의 미래에 무엇을 어떻게 도울지 알 수 있기 때문이다.

아래 표는 소그룹에서 리더들이 작성하는 '영적 성장파일'의 예이다. 각 사람의 이름 아래 소그룹에서 나눈 내용을 작성하고 마지막은 리더가 한 주간의 평가를 기록해 둔다.

영적 성장 파일은 리더 자신을 돌아보는 데도 도움이 되고 소그룹의 전체 방향과 각 개인을 어떻게 도울지를 알게 해준다.

영적 성장 파일

일시	○○○	○○○	평가
9월 13일 싫증1과	하나님 은혜 가운데 삶이 회복되고 그 안에서 사람을 섬길 수 있도록, 또한 현재 쓰고 있는 논문 최선을 다해 준비하고 교수님과 후배들과도 잘 지낼 수 있도록.	부모님의 구원과 건강을 위해 기도드리며 또한 믿음의 가정을 이룰 수 있도록 기도드립니다.	다시 신앙가운데 각자의 삶을 회복시키려고 노력하는 맴버들도 있고 한편으로는 세상 가운데 지쳐서 하루하루가 힘든 맴버들도 있는 것 같음. GBS 시간에 좀 더 그 부분을 나누도 서로 위로하여 신앙의 균형을 찾는 데 힘쓰는 것이 무엇보다 중요하다고 느낌. 초반이라 어색한 부분도 많이 있지만 카톡 등을 통해서 자주자주 연락하며 평상시에도 친밀함을 갖도록 해야겠음.

기도제목	❶ 매일 말씀과 기도 생활을 규칙적으로 할 수 있도록 기도 해주세요. ❷ 삶 속에서 작은 것 하나씩이라도 말씀을 지켜나갈 수 있도록 기도해주세요. ❸ 삶의 우선순위를 잘 지킬 수 있도록 기도 부탁드립니다.	❶ 회사생활을 지혜롭게 할 수 있도록. ❷ 믿음의 가정을 이룰 수 있도록. ❸ 아버지 항암 치료를 잘 받을 수 있도록. ❹ 믿지 않는 가족 구원받을 수 있도록.	금일 GBS에서는 신앙 공동체의 필요성에 대해서 이야기 하는 시간을 많이 가짐. 말씀과 기도 생활 가운데 건강한 신앙을 나눌 수 있는 신앙 공동체가 필요하다는 생각이 많은 것 같음. 오랜 시간이 지났지만 아직도 서로의 깊은 이야기를 나누고 신앙을 지지해줄 수 있는 공동체가 없다고 많이 느끼는 것 같음. 교회 안에서 신앙 가운데 함께하고 서로 간에 깊이 있는 교제를 나누면 좋을 것 같음.
10월 11일 싫증4과	오늘 몸이 안 좋아 교회에 나오지 못하였음. 논문 등 바쁜 일 가운데서 신앙생활을 같이 해나가는 것이 많이 힘들어하는 것 같음. 신앙 가운데서 더욱더 끌어올 수 있는 계기가 필요할 것 같음. 카톡으로는 지속적으로 삶을 나누고 있음.	지난 한 주간은 회사에서 무척 힘든 한 주였음. 지금 수습으로 일하고 있는데 현재와 같이 일하면 그 곳에서 지속해서 일할 수 없다는 이야기에 힘들어 함. 일을 잘 못 한다는 평가에 대해서 부담이 큰 듯함. 그 가운데서 기도와 성경읽기도 부족했는데 그 시간들을 더욱더 확보하고자 함.	싫증에 대한 생각들을 심도 있게 나누었던 시간이었음. 각자 나눔의 시간이 한쪽으로 편중되지 않고 골고루 말할 수 있도록 조절을 많이 하였음. 각자의 생각 가운데 기도와 말씀 읽는 것에 대한 필요성은 많이 느끼지만 삶이 너무 바빠 온전히 해 나가는데 어려움이 있음. 각자의 삶 속에서도 매일 서로 점검하며 한 주 가운데 응원하는 시간들을 확보할 수 있으면 좋을 것 같음.
기도제목	매일 말씀과 기도생활을 잘 지킬 수 있도록.	회사 업무 가운데 환경에 흔들리지 않고 최선을 다할 수 있도록 하고자 함. 바쁜 가운데 주님과 교제할 시간이 부족했는데 힘든 시간 가운데서도 열심히 기도할 수 있도록.	

네 양 떼의 형편을 부지런히 살피며 네 소 떼에게 마음을 두라 _잠 27:23

잠언 27장 23절은 소그룹 리더가 가져야 하는 마음가짐에 대해 말해준다. 양떼의 형편을 부지런히 살피고 소 떼에 마음을 두는 것이 바로 한 영혼을 사랑하는 사람들이 해야 하는 사랑이다. 한 사람 한 사람에 대한 사랑이 있을 때 그 사람이 성장한다. 비록 매주 자라는 것이 눈에 보이지 않고, 나의 노력이 콩나물시루에서 물이 빠지듯 다 빠져나가는 것 같지만 시간이 흐르면 울며 뿌린 씨는 콩나물이 자라듯 기쁨으로 거두게 될 것이다.

사람은 좋은 비전과 방향을 제시한다고 따라오는 존재가 아니다. 리더의 비전이 좋아서 따라가기에는 한계가 있다. 리더의 비전보다 먼저 제시되어야 하는 것은 리더와의 인격적 관계다. 특히 소그룹은 전인격적 변화를 위한 최적의 모임이기에 인격과 인격이 만나는 관계가 가장 중요하고 소중하다. 소그룹 시간에만 모이는 것으로는 큰 변화를 기대하기 어렵다. 소그룹 시간의 질은 소그룹 외의 시간을 어떻게 보내는지에 따라 결정된다. 그러므로 리더는 소그룹이 끝난 시간부터 다음 소그룹을 시작하는 시간까지를 양육의 시간으로 삼아야 한다.

사람은 하나님의 말씀으로 변화된다

양육의 요소가 빠지고 교제와 전도만을 강조하는 소그룹이 많다. 그러나 소그룹을 운영할 때 던져야 하는 가장 중요한 질문은 "사람이 무엇으로 변화되는가?" 하는 것이다.

사람이 무엇으로 변화될까? 사람은 하나님의 말씀으로 변화된다. 그래서 소그룹 리더가 갖추어야 하는 중요한 요소는 하나님의 말씀에 대한 은혜와 감격이다. 말씀이 없는 소그룹은 서로 친해지는 동아리 모임과 다를 바 없다. 서로 깊은 정으로 뭉쳐졌지만 참된 변화가 일어나지 않을 수도 있다. 사람은 하나님 말씀의 기준을 따라 성장하는 존재이기 때문이다.

용기를 가지려면 용기 있는 사람 옆에 있으라는 말이 있다. 말씀의 은혜를 누리려면 말씀의 은혜를 누리는 사람과 함께 있을 때 그 은혜가 전이된다. 그리고 하나님의 말씀을 향한 갈망이 일어나게 된다.

나는 대학생 때 제자훈련을 받았는데 훈련 과정 중 가장 어려운 것이 성경암송이었다. 성경암송의 중요성을 모르고 있다가 열심히 성경을 암송하게 된 계기가 있었다. 당시 소그룹 리더가 성경공부 할 때 암송한 말씀을 선포할 때가 많았는데 성경을 보고 읽는 것이 아니라 내 눈을 바라보면서 입술로 말씀을 암송할 때 하나님께서 직접 이야기하는 것 같은 전율을 느낀 적이 한두 번이 아니었다.

그 모습을 보고 나도 성경을 암송하고 싶었다. 암송을 통해 말씀의 은혜를 경험한 사람들과 함께 있으면 성경암송을 하고 싶어진다. 소그룹 리더는 모든 것을 다 가르칠 수는 없지만 많은 부분에서 자극과 도전을 줄 수 있다. 개인과외처럼 국어, 영어, 수학을 하나하나 다 가르칠 수는 없지만 스스로 공부할 수 있는 내적 도전을 줄 수 있다. 결국 소그룹 구성원이 모두 말씀의 사람이 되려면 소그룹 안에서 말씀의 은혜를 누리는 사람이 있어야 한다.

존 파이퍼는 하나님의 말씀에 대해 이렇게 고백했다.

내가 성경을 경험한 지난 70년의 세월은 주로 내 쪽에서 붙들려는 싸움이 아니라 오히려 내가 아름다움, 즉 영광에 붙들려 살아온 축복이었다. 한평생 내가 이 창 앞에 서 있었던 것은 창문이 깨지지 않도록 보호하기 위해서나 산장의 주인이 그러라고 시켜서가 아니라 창 저편에 펼쳐진 알프스의 영광 때문이었다. 나는 성경에 계시 된 하나님의 영광에 사로잡힌 포로다.[4]

존 파이퍼는 성경을 읽어야 한다는 부담감을 가지고 의무적으로 읽은 것이 아니라 성경에 사로잡혔다고 고백한다. 창문이 깨지지 않도록 보호하기 위해 창 앞에 서 있었던 것이 아니라는 말은 성경의 무오성 논쟁 같은 것을 이야기하는 것 같다. 또 산장의 주인이 시켜서 창문 앞에 서 있었던 것도 아니었다. 하나님의 명령이기 때문에 순종한 것도 아니었다. 그가 성경이라는 창문 앞에 서 있었던 이유는 바로 알프스의 아름다움, 즉 성경 속에 나타난 하나님의 아름다움에 매료되었기 때문이다. 성경에 계시된 하나님의 영광에 사로잡힌 포로이기에 그분과 대화를 통해, 또 설교를 통해 많은 사람이 성경 속에 나타난 하나님의 영광을 꿈꾸고 사모하게 된다.

성경을 많이 알지 못하더라도 소그룹 리더의 마음속에는 성경을 향한 사랑이 있어야 한다. 많은 성경 지식을 가진 리더를 통해 삶이 변화되는 것이 아니라, 말씀을 사모하는 리더를 만나면서 사람들은 하나님의 말씀이 오늘도 살아서 역사하는 진리임을 확인하게 된다.

〈나의 사랑하는 책〉이라는 제목의 찬송가(찬송가 199장)가 있다. 어머니가 읽어주셨던 그 성경책을 자녀가 물려받아 읽고 있는 내용이다. 어린 시절

---

4 존 파이퍼, 윤종석 역, 《성경과 하나님의 영광》(2016, 두란노), p. 15.

어머니는 용맹스럽던 다니엘의 경험과 유대 임금 다윗왕의 역사를 이야기 해주었다. 그리고 주의 선지 엘리야가 병거 타고 하늘에 올라가던 것을 이야기했다. 사실 성경을 자세히 보면 엘리야는 병거 타고 하늘로 올라간 것이 아니라 회오리바람을 타고 하늘로 올라갔다. 가사대로라면 그 어머니의 기억이 아마 잘못되었던 것 같다. 그러나 성경의 지명이나 이름이 헷갈리는 것은 아무런 문제가 되지 않는다. 그 어머니의 가장 큰 강점은 성경 지명을 잘 기억하고 지식적으로 잘 아는 것 이상으로 성경을 사모하는 분이셨다.

3절은 이렇게 시작한다.

> 예수 세상 계실 때 많은 고생하시고
> 십자가에 달려 돌아가신 일
> 어머님이 읽으며 눈물 많이 흘린 것
> 지금까지 내가 기억합니다.

그 어머니는 구약의 흥미진진한 이야기들을 자녀에게 들려주셨다. 그리고 신약으로 넘어와서 예수님의 이야기를 들려주었고, 마지막 예수님이 십자가에 달려 돌아가신 일을 들려줄 대목에서는 눈물을 많이 흘리셨다. 우리를 구원하시기 위해 오셨던 그 예수님의 이야기를 하시면서 어머니는 은혜의 감격으로 눈물을 흘리셨고 어린 자녀는 그것을 성인이 된 지금도 기억하고 있다. 처음엔 왜 우셨는지 당황했을 수도 있을 것이다. 그러나 지금 그 어머니가 물려주신 성경책을 읽으면서 자신도 주의 뜻대로 살기를 다짐하고 있다.

성경을 잘 가르치는 것도 중요하다. 여러 가지 지식이 있으면 더 좋을 것이다. 그러나 소그룹 리더가 가져야 하는 가장 중요한 자질은 하나님의 말씀을 사모하는 것이다. 그 은혜에 물드는 것이다. 팀 켈러는 설교 시간에 일어났으면 하는 일들은 설교자의 기도시간에 먼저 일어나야 한다고 말했다.[5]

설교 시간에 성도들이 하나님의 사랑을 깊이 경험하기를 원한다면 설교자의 기도시간에 먼저 하나님의 사랑에 감격하는 기도가 있어야 한다는 것이다. 마찬가지로 소그룹 시간에 일어나기를 기대하는 일들은 먼저 소그룹 리더의 기도시간에 일어나야 한다. 소그룹에서 일어나는 일들은 모두 소그룹 리더의 기도시간에 먼저 일어나는 것들이다.

복음의 방식으로 가르치라

한때 '훈련으로 되는 제자'라는 구호가 유행했다. 그러나 훈련만 강조하면 율법주의로 흐르게 된다. 또 강한 훈련으로 영적 교만이 싹틀 수도 있다. 하나님은 하나님의 백성에게 명령하실 때 먼저 자신이 행한 은혜를 선포하신다. 성경에 나오는 모든 명령법 앞에는 직설법이 존재한다.

너는 나 외에는 다른 신들을 네게 두지 말라 _출 20:3

십계명 중 제1 계명에 해당하는 말씀이다. 이 명령은 단순히 인간에게 하나님 외에 다른 신을 두지 말라는 금지 명령이 아니라, 먼저 행한 하나님의 은혜에 대한 반응으로서의 명령임을 알아야 한다.

---

5 팀 켈러, 채경락 역, 《팀 켈러의 설교》(2016, 두란노), p. 227.

하나님이 이 모든 말씀으로 말씀하여 이르시되 나는 너를 애굽 땅, 종 되
었던 집에서 인도하여 낸 네 하나님 여호와니라 _출 20:1-2

출애굽기 20장 1-2절에는 하나님이 명령하시기 전에 백성에게 행하신
은혜가 기록되어 있다. 하나님은 그 백성을 애굽 땅, 종 되었던 곳에서 인도
하여 내신 여호와이시다. 어린양의 피로 인해, 열 가지 재앙을 통해 하나님
이 그들을 구원하셨고, 인도하셨다. 그렇게 구원하신 하나님의 은혜를 받은
사람들에게 "나 외에 다른 신을 섬기지 말라"고 명령하는 것이다. 명령에 순
종하면 축복을 받는 것이 아니라 이미 얻은 은혜에 대한 반응으로서의 순
종이 있는 것이다.

누가복음 15장을 흔히 '탕자의 비유'라고 말한다. 집을 나간 탕자를 아버
지가 받아주시는 감동적인 이야기이기 때문이다. 그러나 팀 켈러는 누가복
음 15장을 해설한 책 제목을 《탕부 하나님》이라 지었다. 사랑에 헤프신 하
나님의 끝없는 사랑을 기록한 내용이기 때문이다. 여기에 등장하는 두 아들
은 두 가지 부류의 신앙생활을 보여준다. 아버지의 말씀을 어기고 자기 마
음대로 살고 싶어 하는 둘째 아들은 반 율법주의의 전형이다. 또 아버지의
명을 어김이 없지만 돌아온 동생의 잔치를 불쾌하게 여기는 큰아들은 율법
주의의 전형이다.

아버지께 대답하여 이르되 내가 여러 해 아버지를 섬겨 명을 어김이 없거
늘 내게는 염소 새끼라도 주어 나와 내 벗으로 즐기게 하신 일이 없더니

_눅 15:29

큰아들은 '아버지를 섬겨 명을 어김이 없었다' 그러나 지금 아버지를 향해 불평하고 있다. 결국 그가 아버지의 명령을 지킨 이유는 자신의 유익 때문이었다. 순종을 통해 축복을 얻고 싶은 보상심리, 즉 공로주의가 배경에 있었다. 그러나 복음은 나의 행위로 축복을 얻는 것이 아니라, 한없는 그리스도의 사랑을 먼저 깨닫고 그 사랑의 반응으로서 헌신이 있는 것이다.

소그룹 리더는 이 복음의 정신을 반영해야 한다. 하나님의 사랑을 통해 경험할 수 있도록 도와주어야 한다. 브라이언 채플은 복음의 방식으로 가르치는 것을 "명령보다 정체성이 먼저다"라는 말로 표현했다. 성경은 거룩한 일을 하라고 명령하기 전에 우리가 거룩한 백성임을 선포한다. 거룩한 정체성이 거룩한 명령보다 먼저 나오는 것이다. 현대 사회는 우리의 행위가 우리의 정체성을 결정한다고 말하지만, 성경은 우리의 정체성이 우리의 행위를 결정한다고 말한다. 그래서 성경을 가르칠 때도 정체성-명령의 순서로 가르쳐야 한다. 자녀들을 가르칠 때도 "네가 착한 아이가 되면 예수님이 너를 사랑하실거야"라고 하면 명령-정체성의 순서가 되어 버린다. 아무리 좋은 의도로 그렇게 말한다 해도 그것은 복음과는 반대가 되는 사실을 가르치는 것이다.

《은혜가 이끄는 삶》을 쓴 브라이언 채플은 아들이 대학에 가게 되어 집을 떠날 때가 되자 자신과 아버지의 이야기를 아들에게 들려주었다.

브라이언 채플은 대학에 가기 위해 처음 집을 떠날 때 두려움이 있었다. 아버지가 운전하는 차를 타고 기숙사로 가는 내내 차 안에는 침묵이 흘렀다. 아들이 느끼고 있는 긴장과 두려움을 알아챈 아버지는 아들에게 말했다. "두렵니?" 아들이 고개를 끄덕이자 아버지는 이렇게 말씀하셨다.

"아들아. 나는 이 학교에서 어떤 일이 너를 기다리고 있을지 알지 못한다. 또 네가 잘 해낼지 아니면 형편없이 될지도 알 수 없고, 그러나 네가 내 아들이라는 사실은 변하지 않는단다. 네가 잘하든 못하든, 너에게 어떤 일이 생겨도 다시 돌아오면 너를 받아줄 집과 가정이 있다는 것을 명심하거라."

아버지는 어떤 실패에도 가족으로 연합한 사실을 무너뜨릴 수 없음을 분명히 하셨다. 그 메시지는 브라이언 채플이 대학생활을 하는 내내 수많은 시련과 어려움을 이기게 해주었다. 그는 이 이야기를 아들에게 들려주며 아들이 자신과 같은 격려를 받기 원했다.

아버지의 사랑이 아들을 붙들 듯이, 하나님의 사랑이 우리를 붙들어주신다. 내가 실패해도 끝없이 사랑하시는 공평하지 않은 이 은혜가 사람을 변화시키는 것이다.[6]

리더의 수고

소그룹 리더는 늘 외로운 자리에 있다. 사랑해주고 들어주고 목양해야 할 대상의 사람들만 있기 때문이다. 사랑하고 도와주었는데 그 사랑을 외면하기도 하고 오해하기도 한다. 또 감정이 상하면 함부로 말하는 사람들도 있다. 그런 위기와 어려움 때문에 소그룹 리더들은 상처를 받을 때도 많다.

그때 소그룹 리더들이 회복해야 하는 자리는 언제나 하나님 앞이다. 다

---

6 브라이언 채플, 황을호 역, 《은혜가 이끄는 삶》(2017, 생명의말씀사), pp. 63-64.

시 한 번 강조하지만 예수님이 배신한 베드로에게 찾아가서서 다시 사명을 회복시키실 때 이렇게 물으셨다.

"요한의 아들 시몬아 네가 나를 사랑하느냐?"(요 21:16) 그리고 예수님은 "내 양을 치라", "내 양을 먹이라"(요 21:16, 17) 말씀하셨다. 베드로에게 "네가 양을 사랑하느냐?" 그러면 "내 양을 먹이라" 말씀하지 않으셨다. 양을 사랑해서 양을 먹이면 양을 사랑하지 않게 될 확률이 높아진다.

소그룹 리더가 조원들을 사랑하는 이유는 그들이 사랑스러워서가 아니라 하나님을 사랑하기 때문이다. 예수님은 베드로에게 양을 맡기시면서 "네가 나를 사랑하느냐?" 물으셨다. 우리가 사람을 섬기고 헌신하고 그들을 사랑하는 이유는 주님을 사랑하기 때문이다. 나를 위해 목숨을 버리신 그 사랑을 생각해보면, 우리의 사랑은 큰 것이 아님을 알 수 있게 된다.

소그룹 리더의 헌신은 주님을 사랑하는 그 사랑에서 흘러나오는 것이다. 주님을 사랑하기 때문에 사람을 사랑하는 것이다. 사랑의 주체는 물론 주님이시다.

부디 사람을 사랑하느라 안간힘을 쓰는 리더가 아닌, 흘러나오는 사랑으로 사람을 품을 수 있는 리더가 소그룹에 많이 세워지기를, 그래서 섬기는 교회가 더욱 건강해지기를 기도드린다.

네 양 떼의 형편을 부지런히 살피며
네 소 떼에게 마음을 두라

잠 27:23

NOTE